Elementare Barrierefreiheit in Bildungsbauten

Ein Aufruf zum interdisziplinären Diskurs im Rahmen der
Entwicklung inklusiver Bildungssysteme

SVEN DEGENHARDT

Elementare Barrierefreiheit in Bildungsbauten

Ein Aufruf zum interdisziplinären Diskurs
im Rahmen der Entwicklung inklusiver Bildungssysteme

Bibliografische Information der Deutschen Nationalbibliothek:
Die Deutsche Nationalbibliothek verzeichnet diese Publikation
in der Deutschen Nationalbibliografie;
detaillierte bibliografische Daten sind im Internet
über http://dnb.de abrufbar.

Titelbild: Ein Cartoon von Phil Hubbe. In der Bildmitte eine lange Treppe, über die ein roter Teppich ausgerollt ist. Auf dem oberen Treppenabsatz, rechte Bildseite, stehen mit strahlenden Gesichtern eine Frau und ein Mann mittleren Alters. Der Mann – Brillen- und Glatzenträger, in schwarzem Sakko, weißem Hemd und blauer Krawatte – reckt beide Arme empor. In seiner Sprechblase steht „Inklusion!". Die Frau – mit schwarzem Rock und grüner Bluse, die grauen Haare hochgesteckt – rechts neben ihm streckt ebenfalls die Arme aus und in ihrer Sprechblase steht „Willkommen!". Zwischen den beiden liegt ein Blumengebinde auf dem Boden. Auf der linken Bildseite und am unteren Ende der Treppe befindet sich eine Gruppe von sechs jungen Menschen, teils mit Schulranzen auf dem Rücken und Büchern oder Heften unter dem Arm. Der Junge im Rollstuhl stößt an die untere Treppenstufe; dahinter die bunt gemischte Gruppe mit Langstock, Gehhilfe, Hand am Ohr … Aus ihren Gesichtern ist Anstrengung, Frust oder zumindest Unschlüssigkeit zu lesen.

Herstellung und Verlag:
BoD – Books on Demand, Norderstedt

ISBN: 978-3-7504-7873-2   E-Book-ISBN: 978-3-7519-2940-0

Inhalt

Vorwort

Der Titel der Veröffentlichung „Elementare Barrierefreiheit in Bildungsbauten: Ein Aufruf zum interdisziplinären Diskurs im Rahmen der Entwicklung inklusiver Bildungssysteme" wirft zugleich drei Fragen auf: Was ist eine „Elementare Barrierefreiheit"? Und in diesem Zusammenhang: Welche Aspekte des Bildungsbaus „im Rahmen der Entwicklung inklusiver Bildungssysteme" umfasst sie nicht? Und letztendlich muss umrissen werden, welche konkreten Zielvorstellungen mit dem Aufruf zum interdisziplinären Diskurs verbunden sein könnten.

Eigentlich müsste das Thema Barrierefreiheit als unumstrittene Zielkategorie und Qualitätsstandard „durch sein"... über 10 Jahre ist die UN-Behindertenrechtskonvention (UN 2006/2008) Bestandteil des bundesdeutschen Rechtssystems! Dennoch muss konstatiert werden,

- dass Barrierefreiheit immer noch zu oft mit Rollstuhlzugänglichkeit, also mit Rampen und dem schwellenlosen Zugang durch einen Nebeneingang gleichgesetzt wird,
- dass das Angewiesensein auf menschliche Hilfe im Einzelfall immer noch als legitime Kompensation mitgedacht wird,
- dass lange Wege zu Sanitärräumen für Menschen mit Behinderung als „vertretbar" angesehen werden, wohingegen Nutzerinnen und Nutzer ohne Behinderung das Recht auf komfortable Nähe zugestanden wird,
- dass auch im Neubau und bei großen Sanierungsprojekten unter Verweis auf fehlende Gelder oder unzureichende pauschale Kennziffern Maßnahmen der Barrierefreiheit nicht ausgeschrieben, geplant und umgesetzt werden,
- dass diese Verstöße gegen geltendes Recht nicht – wie im Falle der Verstöße gegen Brandschutzauflagen – kontrolliert und sanktioniert werden,
- dass Zielkategorien wie Ästhetik oder Denkmalschutz immer noch als Gegenspieler von Barrierefreiheit wahrgenommen werden
- und dass die Beteiligung von Menschen mit Behinderung und deren Verbände und Initiativen an den Entscheidungsprozessen quantitativ und qualitativ noch viel „Spielraum nach oben" hat.

Es ist unbestritten, dass die Umsetzung inklusiver Bildungsprozesse auch mit der Debatte um inklusiv gedachte Bildungsbauten einhergehen muss. Aber auch hier scheint sich eine Debatte um den Fokus abzuzeichnen.

In der (bundesdeutschen) Erziehungswissenschaft wird der Streit um den „weiten" und den „engen" Inklusionsbegriff fast liebevoll gepflegt. Einerseits wird Inklusion „weit" als Konzept für eine chancengleiche, diskriminierungsfreie Bildung für alle Lernenden, also unter Einschluss aller Diversitätskategorien, umrissen. Andererseits verweisen Vertreterinnen und Vertreter der Sonderpädagogik auf die schlechte Erfahrung, dass alle „weiten Lösungen" in der Vergangenheit der Gefahr unterlagen, dass spezifische Bedarfe „übersehen" wurden, und fordern daher – unter Bezug auf die UN-Behindertenrechtskonvention (UN 2006/2008) – (auch) die explizite Fokussierung auf spezifische Bedarfe für Lernende mit Behinderung ein. Dieser Zugang wird dann als „eng" bezeichnet. Eng! Ein wenig sprachliche „Abwertung" schwingt da schon mit.

Überträgt man diese Pole auf den inklusiven Bildungsbau, entsteht ein kleines Pendant: Bildungsbau, der sich der Herausforderung inklusiver Entwicklungen stellt, muss Raumkonzepte und –bedarfe im großen Maßstab der Flächenbedarfe und der Geometrie diskutieren, das gesamte System von der Bauplanung und –realisierung bis zur Inbetriebnahme und Betreibung umfassen, sich mit der notwendigen Reform des Baurechts beschäftigen, Qualitätssicherungs- und Weiterbildungskonzepte entwickeln, die an den richtigen Stellen des Prozesses an die richtigen Professionen die richtigen Fragen stellen, Transparenz schaffen und die Einbindung aller Nutzerinnen und Nutzer mit ihren unterschiedlichen Visionen umsetzen. Inklusiver Bildungsbau ist ein weites und komplexes Feld!

In diesem Kontext die Forderung nach normgerechten Stufenvorderkantenmarkierungen zu stellen oder nachzufragen, ob Sitztreppen in einem durchgängig in Weiß gehaltenen Atrium oder großzügige Glaswände wirklich für alle Lernenden förderlich oder nicht doch Barrieren darstellen (können), erzeugt die Gefahr, wieder als „eng" wahrgenommen zu werden.

Und da sich diese Veröffentlichung nicht schon wieder dem Vorwurf der Engführung aussetzen mag, wird der Arbeitsbegriff der „Elementaren Barrierefreiheit" gewählt. Elementar in diesem Sinne sind also die Bestandteile barrierefreien Bauens die – vermeintlich – als geklärt angesehen werden. Es gibt detaillierte und quantifizierte Vorgaben, ob nun in der DIN 18040-1 bis -3 (Barrierefreies Bauen – Planungsgrundlagen – Teil 1: Öffentlich zugängliche Gebäude; Teil 2: Wohnungen und Teil 3: Öffentlicher Verkehrs- und Freiraum) oder in der ASR V3a.2 (Technische Regeln für Arbeitsstätten; Barrierefreie Gestaltung von Arbeitsstätten), die über das vielschichtige und komplexe bundesdeutsche Baurecht mittlerweile auch verankert sind (vgl. zu den rechtlichen Grundlagen u. a. BMI 2016, Teil A, 9-19). Es gibt gefühlt 1001 Planungsleitfäden auf fast allen Ebenen von fast allen relevanten Akteurinnen und Akteuren… nur, es gibt immer noch unterlaufbare Treppen in Schulneubauten, umfangreiche Sanierungsprojekte von Hochschulbauten, die Kriterien der Barrierefreiheit mit dem Verweis auf das Denkmal und die baulich schwierigen Vorgaben nicht einmal aufrufen, und zugängliche Türschilder und Orientierungssysteme an bundesdeutschen Schulen sind in ihrer Wahrscheinlichkeit nahe am Lottogewinn.

Obendrein gibt es die Erfahrungen, dass selbst die „reine" Umsetzung der Normen für Bildungsbauten nicht ausreichend ist und dass die allgemein anerkannten Regeln der Technik auch durch die Forschungsergebnisse, den Erkenntnis- und Erfahrungsstand der Erziehungswissenschaft und der Nutzerinnen und Nutzer von Bildungsbauten geformt werden müssen. So muss das Wissen um eine gute Beleuchtung für Menschen mit Beeinträchtigung des Sehens endlich Eingang in den inklusiven Bildungsbau finden und die Entscheidung für einen Bodenbelag nicht ausschließlich durch das Kriterium optimierter Reinigungszyklen bestimmt werden.

An dieser Stelle setzt der Aufruf zu einem interdisziplinären Diskurs an, denn z. B. die Erfahrung aus der Psychiatrie und der Geriatrie, beim Bodenbelag auf hochkontrastreiche Muster (z. B. Granulatnachahmung oder Streifenmuster) zu verzichten, kann und muss auch Standards für Bildungsbauten setzen. Auch für Bildungsbauten gilt, dass der Großteil der bekannten und beschriebenen konkreten Umsetzungen der Schutzziele aus dem Bereich der Beeinträchtigung der körperlich-motorischen Entwicklung stammt. Wenngleich benannt, finden Maßnahmen aus dem Bereich des Zwei-Sinnes-Prinzips, der Akustik, der Farb- und Kontrastgestaltung kaum konsequent Beachtung. Noch fast unbearbeitet sind Aspekte der Elementaren Barrierefreiheit für Lernende mit psychischen Behinderungen, mit Autismus Spektrum Störung und emotional-sozialen Entwicklungsbesonderheiten. Übertragungen aus dem Bereich der Wahrnehmung (Umgang mit störenden Geräuschen und Gerüchen; fehlende Orientierung und Platzierung im Raum durch fehlende visuelle Anhaltspunkte etc.) scheinen angezeigt, müssen aber breiter diskutiert werden.

In diesem Sinne wendet sich diese Veröffentlichung, insbesondere die „Übersicht der Anforderungen an eine Elementare Barrierefreiheit von Bildungsbauten" (Kapitel 1), an Vertreterinnen und Vertreter unterschiedlicher Fächer (Erziehungswissenschaft, Architektur, Lichttechnik, Akustik, Ergonomie, Gesundheitsmanagement, ...) in unterschiedlichen Handlungsfeldern (vorschulische, schulische, berufliche, tertiäre ... Bildung) und in unterschiedlichen Nutzungsrollen. Folgt man der Idee von Bildungslandschaften und der Einbindung von Bildungsbauten in die Quartiere, ist eine breite Beteiligung der Bürgerinnen und Bürger mitzudenken. Zentral ist auch hier die Einbeziehung der Nutzerinnen und Nutzer mit Behinderung sowie deren Organisationen, Verbände und Initiativen.

Die folgende „Übersicht der Anforderungen an eine Elementare Barrierefreiheit von Bildungsbauten" versteht sich also als Aufschlag zur Diskussion und ist mit der Hoffnung verbunden, dass sie durch die erhofften Rückmeldungen, die Fortsetzung der Debatten und durch das weitere Sammeln von Erfahrungen eine geringe „Halbwertzeit" hat!

Dafür an dieser Stelle allen Mitwirkenden ein DANK!

* * *

Die am Ende jedes Abschnittes gesammelten „Verweise" verstehen sich nicht als Quellen oder Referenzbelege, da die aufgeführten Anforderungen in einigen der

Punkte ausdrücklich von den Normvorgaben abweichen. So sind z. B. die Bewegungsflächen großzügiger angegeben, da in lebhaften Bildungsbauten enge Wege und „Wege ohne Richtungsänderungen" nicht akzeptabel sind. In der Phase der Finalisierung dieser Veröffentlichung wird die klassische Argumentation für einen Universal Design Ansatz auch auf diesem Feld noch einmal deutlich unterstrichen: Eine ausreichende Flurbreite (die sich nicht am Mindestmaß orientiert), großzügige Flächen vor Aufzügen und breite(re) Reihenabstände in Hörsälen sind nicht nur zwingend erforderlich für Nutzerinnen und Nutzer eines Rollstuhls, sie sind angesichts der Abstandsregeln in den SARS-CoV-2-Zeiten mehr als nur komfortabel – sie sind plötzlich notwendig und erforderlich für alle (vgl. u. a. DGUV 2020, 3).

Die Angaben im Bereich Akustik folgen der durch die DIN 18041 „Hörsamkeit in Räumen" definierten Kategorien „Sprache/Vortrag inklusiv" und „Unterricht/ Kommunikation inklusiv". Wo überhaupt noch nicht-inklusive Räume der Kategorien „Sprache/Vortrag" und „Unterricht/Kommunikation" geplant und gebaut werden, erschließt sich in diesem Zusammenhang natürlich nicht. Für den Bereich Beleuchtung werden die vollkommen aus der Zeit gefallenen Vorgaben der aktuell gültigen Angaben der DIN EN 12464-1:2011 „Beleuchtung von Arbeitsstätten – Arbeitsstätten in Innenräumen" durch eine abwägende Kombination aus den Vorgaben der ASR A3.4 (Technische Regeln für Arbeitsstätten – Beleuchtung), den Vorgaben der Lichttechnischen Gesellschaft für Räume zur Nutzung durch sehbehinderte Lernende (Schierz 2013), den strukturiert gesammelten und festgehaltenen Erfahrungen aus dem Bereich der Pädagogik bei Beeinträchtigung des Sehens (Buser 2003, Degenhardt & Hilgers 2008, Henriksen & Laemers 2016, Degenhardt 2016, LWV-Hessen 2018), der Blinden- und Sehbehindertenselbsthilfe (Hesse-Germann 2016, DBSV 2016) sowie der Architektur (Holfeld 2013, Boubekri 2015) ersetzt. Auch die Erfahrungen aus einer demenzsensiblen Architektur (Dietz 2018) finden sich z. B. in den Bereichen Bodenbelag und Kontrastgestaltung wieder.

Die jeweiligen Argumentationsketten zu den „Abweichungen" sind entweder unter „Kommentare" im Kapitel 1 oder im Kapitel 2 angedeutet oder ausgeführt.

Die Verweise möchten also zur Einordnung der Vorschläge in bestehende Normen, Rechtsvorschriften, Leitfäden und Veröffentlichungen und/oder zur expliziten Kontrastierung dienen.

* * *

Die vorliegende „Übersicht der Anforderungen an eine Elementare Barrierefreiheit von Bildungsbauten" versteht sich als Ergänzung zu den einschlägigen Normen, Leitfäden und Kommentaren; für illustrierende Abbildungen muss auf die
in den Verweisen und Quellen genutzten Veröffentlichungen verwiesen werden.
Weiterhin ist auf das Visualisieren der in Diskursen um inklusive Gesellschaftsentwicklung so gerne genutzten „best practice" verzichtet worden. Zum einen
ist Elementare Barrierefreiheit im steten Fluss und abhängig von Entscheidungen
der beteiligten Partnerinnen und Partner – also i. e. S. nicht kopierbar – und zum
Zweiten werden die eher unangenehmen Kommentare umgangen, die z. B. die
Beleuchtung und die Kontraste der Türen zu den Wänden positiv hervorheben,
aber die fehlenden Stufenvorderkanten nicht verschweigen können. Die in der
Übersicht unter 1.5 positiv hervorgehobene Trennung von Treppenlauf und Sitztreppe durch einen Handlauf an der A.P. Møller-Skolen (vgl. Chiles 2015, 78) ist
die eine Seite. Dass diese Treppe unterlaufbar und damit nicht normkonform
ist, gehört aber auch zur ganzen Wahrheit. Die Leserinnen und Leser können
und sollen diese Pro-Contra-Wertungen in der Wirklichkeit und den medialen
Abbildungen selbst vornehmen.

* * *

An dieser Stelle noch eine Anmerkung zur Quellenlage der „Übersicht der Anfor-
derungen an eine Elementare Barrierefreiheit von Bildungsbauten". Im Dezember
2017 entstand die Idee, eine „Checkliste" mit allgemeinen und spezifischen An-
forderungen an die bauliche Barrierefreiheit von Bildungsbauten zu entwickeln.
In Lehrveranstaltungen und in Kooperationsprojekten (z. B. dem Projekt „DAAD
Hochschuldialog mit der islamischen Welt" (2017-2019): Hochschulentwicklung,
Forschung und Netzwerkarbeit zu Behinderung und Inklusion in Hamburg und
Isfahan; vgl. u. a. Degenhardt et al. 2018) wurde aus der Vielzahl der existierenden
Checklisten insbesondere zur DIN 18040-1 die Checkliste 3.1 „Anforderungen
an öffentlich zugängliche Gebäude" (Everding, Sieger & Meyer 2015, 158-165)
ausgewählt und in mehreren Durchläufen ergänzt und modifiziert. Im Ergebnis

der Kooperationen, Arbeits- und Projektgruppen (insbesondere innerhalb der Arbeitsgruppe „Barrierefreies Bauen an der Universität Hamburg"), individueller Gespräche und Fortbildungen etc. (vgl. Kapitel 4) wurde diese strukturelle und inhaltliche Bearbeitung und Erweiterung – insbesondere in den Bereichen Akustik, Beleuchtung und Farbgestaltung – fortgeführt. Um die Lesbarkeit zu erhalten, sind Teile der aus dem Original verbliebenen Struktur, Überschriften und Formulierungen – insbesondere aus der Spalte „Anforderungen" der Checkliste 3.1 „Anforderungen an öffentlich zugängliche Gebäude" (Everding, Sieger & Meyer 2015, 158-165) – nicht mehr als wörtliches Zitat gekennzeichnet. Auf das Gewicht dieser Quelle sei darum – mit Dank – ausdrücklich verwiesen. Gleichsam können, dem Gegenstand folgend, Wörter und Wortketten auch in anderen Vorlagen, Checklisten etc. auffindbar sein.

* * *

In der Diskussion um eine geschlechtersensible Sprache wird zunehmend die zweigeschlechtliche Variante, wie z. B. Nutzerinnen und Nutzer, als unzureichend bezeichnet, weil sie die Geschlechtervielfalt nicht abbildet und die Norm der Zweigeschlechtlichkeit festigt. Daher wurden Binnen-I-, Klammer- und Schrägstrichlösungen und wird aktuell das Gendersternchen (durch das hochgestellte Asterisk), also z. B. Nutzer*innen, empfohlen. Im Kontext der Barrierefreiheit entsteht jedoch ein Interessenskonflikt. Um einen WCAG-konformen, barrierefreien Text für die ePub-Version dieser Veröffentlichung vorhalten zu können, muss auf zerstückelte Wörter, also auf die Verwendung von Sonderzeichen innerhalb von Wörtern, verzichtet werden. Insbesondere Sprachausgaben lesen diese eingeschlossenen Sonderzeichen mit. Ausgaben, wie z. B. Nutzersterncheninnen sind dem Lesefluss und dem Verständnis nicht förderlich. Im Sinne des Interessenausgleiches nutzt diese Veröffentlichung eine gendergerechte Fassung ohne Sonderzeichen und sieht dies ausdrücklich in einer Diversity inkludierenden Funktion.

1. Übersicht der Anforderungen an eine Elementare Barrierefreiheit von Bildungsbauten

1.1 Pkw-Stellplätze

Lage

in der Nähe der barrierefreien Zugänge, damit vorzugsweise in der Nähe des Haupteingangs

Anzahl

mindestens ein Stellplatz; Orientierung: 1 % – 3 % aller Stellplätze; mindestens einer davon mit Heckausstieg

Größe und Ausstattung

- bei Stellplätzen für Pkw / Seiteneinstieg: Länge: 5 m und Breite: 3,50 m
- bei Stellplätzen für Kleinbusse / Heckausstieg: Länge: 7,50 m, Breite: 3,50 m und Höhe: 2,50 m
- Kennzeichnung mit Schild, Logo auf Stellfläche (vorzugsweise Accessible Icon) und kontrastreicher Markierung
- Bord abgesenkt (≤ 3 cm)
- Gefälle ≤ 3 % / 1,72°

Beleuchtung

- 40 lx (Bodenebene)
- gute Gesichtswahrnehmung sicherstellen

Kommentare

Die Kennzeichnung der Stellplätze sollte möglichst vertikal und horizontal, also als Schild und als Logo auf der Stellfläche, erfolgen. Dabei ist zu beachten, dass diese Kennzeichnungen auch bei schlechter Witterung erkennbar sind; eine regelmäßige Pflege (Reinigung, Befreiung von Schnee und Eis, Erneuerung insbesondere der Markierungen...) ist zu realisieren.

Das Accessible Icon Project (http://accessibleicon.org/) startete als „street art campaign" der aktiven und starken US-amerikanischen Behindertenbewegung (disability rights movement) und fokussierte mit Grafitti- und Übermalungsaktionen das fehlende Verständnis für Barrieren in der Gesellschaft. Eine Forderung der Bewegung bestand auch darin, das „International Symbol of Access" (ISA), in dem eine aufrecht und passiv im Rollstuhl sitzende Person quasi um Hilfe zu bitten scheint, durch ein Bewegung, Selbstbestimmung und Aktivität ausstrahlendes Icon zu ersetzen, in dem die den Rollstuhl nutzende Person, nach vorn gebeugt, schwungvoll die Arme nach hinten reckt, um den Rollstuhl anzutreiben. Auch wenn die Verwendung dieses Logos für „Menschen mit Behinderung" umstritten ist, sollte es vor allem im Zusammenhang mit Zugänglichkeit für Menschen mit motorischen Beeinträchtigungen (Stellplatz, rollstuhlzugängliches WC etc.) genutzt werden und vor allem das „alte" statische Logo grundsätzlich ablösen.

In der letzten Zeit häufen sich „Eigenentwicklungen" von Logos, die zwar die Idee der Aktivität durch eine veränderte Körperhaltung aufnehmen, die aber zumeist mit viel zu dünnen Linien und Konturen umgesetzt werden. Es ist daher darauf zu verweisen, dass das Accessible Icon auch hinsichtlich der visuellen Erkennbarkeit optimiert ist.

Die internationale Verbreitung, das mit dem Logo verbundene Konzept der realisierten Einbindung von Menschen mit Behinderung und deren Verbände sowie die optimierte visuelle Erkennbarkeit sollten für den konsequenten Einsatz des Accessible Icon sprechen.

Verweise

DIN 18040-1: 4.2.2
DIN 18040-3: 5.5
DIN EN 12464-2
Fördergemeinschaft Gutes Licht (2014) licht.wissen 03: Straßen, Wege und Plätze

1.2 Gehwege und Verkehrsflächen (außen)

Breite

- mindestens 180 cm
- unvermeidbare Engstellen mindestens 120 cm
- bei Umlaufschranken und Pollern zusätzlich Bewegungsflächen sicherstellen

nutzbare Höhe

- mindestens 220 cm
- insbesondere Unterlaufbarkeit von Treppen durch feste bauliche Maßnahmen verhindern (Markierung durch Bodenindikatoren oder bewegliche Gegenstände ist nicht zulässig)

Oberflächenbeschaffenheit

- fest und eben (Stolpergefahren ausschließen; Hindernishöhe < 4 mm)
- ausreichende Rauheit für festen Tritt, Rutschhemmung
- erschütterungsarm mit dem Rollstuhl bzw. Rollator befahrbar
- taktil wahrnehmbare Begrenzung, z. B. durch Kante mit 3 cm Höhe oder durch klaren Materialwechsel

Neigung

Bei entsprechenden topografischen Bedingungen:
- Querneigung maximal 2,5 % / 1,43°
- Längsneigung maximal 3 % / 1,72°
- maximal 6 % / 3,44° mit neigungsfreien Zwischenpodesten nach maximal 10 m Länge

- im Grenzbereich: normgerechte Rampen ausführen (siehe 1.6)

Ausstattungen

Ausstattungselemente
- dürfen Funktionen von Bewegungsflächen nicht einschränken
- müssen deutlich und rechtzeitig (insbesondere mit dem Langstock) wahrnehmbar sein (Herunterziehen bis zum Boden oder maximal 15 cm Höhe, Sockel oder Tastleiste) oder
- müssen im Abstand von 60 cm durch vorbeiführenden Leitstreifen passierbar sein

Umlaufschranken, Poller und Sperren müssen sicher visuell wahrnehmbar sein. Sollten Wege oder Plätze ohne Leitsysteme zur Regelung des motorisierten Verkehrs mit Sperren und Schranken bestückt sein, ist auf eine Wahrnehmbarkeit für Nutzerinnen und Nutzer von Langstöcken zu achten (z. B. durch Schranken mit Hängegitter).

Treppen und Rampen

Für Treppen und Rampen gelten die Anforderungen nach DIN 18040-1 (innen; vgl. 1.5, 1.6); abweichend davon sind alle Stufen zu markieren. Bei der Stufenvorderkantenmarkierung ist zu beachten, dass der Kontrast insbesondere bei der unteren Stufe nicht durch ein visuell kontrastierendes Aufmerksamkeitsfeld „aufgehoben" wird.

- an Treppenbreiten > 12 m zusätzlicher beidseitig nutzbarer Handlauf
- Leitsysteme führen konsequent an Handläufe

Informations- und Leitsysteme

- Anschluss an öffentliches Leitsystem
- bei größeren Gebäudekomplexen normgerechtes taktiles und visuelles Leitsystem auch für die Verkehrsflächen der Außenanlagen
- Trennung von Fuß- und Radwegen; bei niveaugleicher Führung: taktil wahrnehmbarer und visuell kontrastreicher Trennstreifen

Beleuchtung

- bei Rampen und stark frequentierten Treppen: 200 lx (Bodenebene)
- Empfehlungen: gerichtetes Licht; Blendung vermeiden; integrierte Beleuchtung in den Handläufen
- Fußgänger- und Radwege: 40 lx (Bodenebene)
- gute Gesichtswahrnehmung sicherstellen
- keine Bodenstrahler auf Gehwegen, Treppen und Rampen; bei Einsatz von Bodenstrahlern (z. B. zur Akzentbeleuchtung von Gebäuden): keine Querung des Lichtstrahls durch Personen.
- Intelligente Lichtsteuerung (Zeitfenster, bewegungsabhängig etc.) mit Grundlicht und zeitlich anpassbaren Übergangsphasen.

Kommentare

Bei der Realisierung einer ausreichend taktil wahrnehmbaren Begrenzung (Wegesrand, Trennung Fuß- und Radweg, ...) und bei der Umsetzung eines normgerechten Leitsystems (vor allem im Denkmal) wird häufig auf Materialwechsel (Kleinpflaster vs. Beton, Bitumen, Gehwegplatte, ...) zurückgegriffen. Hierbei ist zu beachten, dass innerhalb eines Geländes nicht gleichzeitig ein Materialwechsel als informationstragender Leitstreifen und als Verzierung eingesetzt wird. Es ist für die Nutzerinnen und Nutzer eines Langstocks nicht erkennbar, wann der Materialwechsel sie sicher zur Eingangstür leitet, oder wann sie quer über einen

Platz laufen und am Ende des „Schmuckstreifens" in einer Grünanlage oder vor einer Wand stehen (vergleichbare Argumentation siehe 1.8).

Topografische Vorgaben zwingen manchmal zu einer Kombination von Einzelstufen und Treppen; hier sind die konsequente visuelle und taktile Ankündigung und die Stufenvorderkantenmarkierungen unerlässlich. Gleichsam ist zu überprüfen, ob der Eindruck eines geschlossenen Treppenlaufs naheliegt. In diesem Fall ist der gesamte „kombinierte Treppenlauf" mit Handläufen auszustatten.

Sollte sich die Nutzung der Rampen auch für Fahrradfahrerinnen und Fahrradfahrer anbieten, sind im Sinne des Universal Designs die Breite der Rampe entsprechend anzupassen, die Bewegungsflächen am Anfang und am Ende großzügiger zu gestalten und die Bauart der Rampe so zu wählen, dass für alle Beteiligten ein ausreichender Einblick in die aktuelle oder zu erwartende Nutzung möglich ist.

Die Nutzung von Handläufen an Treppen und Rampen zur Fahrradsicherung muss – sollte es für die Nutzerinnen und Nutzer nicht eindeutig ersichtlich resp. „einsichtig" sein – ggf. durch Hinweise ausgeschlossen werden; ein konsequentes Freihalten im Betrieb muss vorgesehen werden. Dazu gehört auch das Vorhalten ausreichender Abstell- und Sicherungsmöglichkeiten für Fahrräder.

Schleppstufen im Außenbereich sind unzulässig.

Verweise

DIN 18040-1: 4.1, 4.2.1, 4.5.4
DIN 18040-3: 4.2, 4.4, 5.1.2, 5.4.2, 5.4.4
DIN 32984
DIN EN 12464-2
Fördergemeinschaft Gutes Licht (2014) licht.wissen 03: Straßen, Wege und Plätze

1.3   Zugangs- und Eingangsbereiche

Auffindbarkeit

- durch normgerechte Beschilderung und/oder Farb- und Kontrastgestaltung gut sichtbar gestaltet
- normgerechtes taktiles und visuelles Leitsystem von der Verkehrsfläche zum Eingang
- möglichst Leitsystem in Sauberlaufzone integrieren (z. B. in entsprechenden Aluprofilmatten)
- normgerechte Fortführung des Leitsystems bis ständig besetztem Infopoint oder nach Zwei-Sinne-Prinzip zugänglichem Infopoint

Erreichbarkeit

- Haupteingang stufen- und schwellenlos – „Ein Haupteingang für alle"!
- automatisches Türsystem (bevorzugt automatische Schiebetüren mit Zulassung für den Einsatz in Flucht- und Rettungswegen / Fluchtwegschiebetür)
- fest verbauter Fußabstreifer (keine losen Schutzfangmatten)
- vgl. Ausführungen zu Gehwegen, Treppen, Rampen, Türen... insbesondere Markierung von Glastüren und Glaswänden

Bewegungsfläche

- eben vor Eingängen
- 200 cm x 200 cm vor Türöffner
- Windfangtiefe: ≥ 200 cm + Türbreite / Bewegungsfläche 200 cm x 200 cm
- Sauberlaufzonen und Schmutzfangmatten erschütterungsarm befahrbar und mit Langstock gangbar (z. B. keine Gummiwabenmatten)

Türöffner- und Klingelanlage

- nach dem Zwei-Sinne-Prinzip kontrastierend gestaltet und taktil oder akustisch wahrnehmbar
- optische Anzeige der Hörbereitschaft der Gegenseite bei Gegensprechanlagen
- ergänzende optische Freigabe bei Türsummern
- Höhe Klingelanlage und Briefkasten: 85 cm
- Taster für automatische Türöffnung mit normgerechtem Abstand (≥ 150 cm / 250 cm); ggf. Türöffnungsautomatik
- Schließkraft und -verzögerung einstellbar
- Leistungsfähigkeit der automatischen Türsysteme an Nutzungshäufigkeit anpassen

Akustik

Raumgruppe B3

Beleuchtung innen/außen

- 200 lx – 400 lx (Bodenebene; in Abhängigkeit von der Nutzungsintensität)
- Unified Glare Rating / UGR = 22; keine Bodenstrahler
- Intelligente Lichtsteuerung (Zeitfenster, bewegungsabhängig etc.) mit Grundlicht und zeitlich anpassbaren Übergangsphasen.

Farbgestaltung

- abgestimmte, ruhige Farbkombinationen (Trend: Decken weiß/hell; Wände hell/Pastell; Boden eher dunkel), farbliches Wirrwarr vermeiden
- Farb- und Helligkeitskontraste als Informationsträger und zur Orientierung nutzen

- gesättigte, anregende, leuchtende und grelle Farben:
  - nicht für große Flächen (inklusive Schallabsorber)
  - für funktional wesentliche, sicherheits- und orientierungsrelevante Elemente (Türen, Säulen, ...)
  - für kleine Flächen und hervorzuhebende Objekte (Schalter, Knöpfe, Griffe)
- bei der Kombination von Farben: mögliche Farbfehlsichtigkeiten einbeziehen

Kommentare

Rollstuhlabstellplätze o. ä. sind in diesen Bereichen nicht vorzusehen.
Zur Markierung von Glasflächen und –türen siehe 1.9.

Verweise

DIN 18040-1: 4.2.3, 4.3.3.2, 4.3.3.3, 4.5.2, 4.5.3
DIN 32984
ÖNORM B 1602:2013: 6.6
DIN 18041
LiTG Leitfaden (Schierz 2013)
Holfeld 2013
Rudow 2014

1.4   Flure und sonstige Verkehrsflächen in Gebäuden

Erreichbarkeit

Flure und sonstige Verkehrsflächen durchweg stufen- und schwellenlos

Breite

- durchgängig mindestens 180 cm Breite (reale Nutzungsbreite in Abhängigkeit vom Nutzungskonzept)
- in Durchgängen mindestens 120 cm

(Ausnahmeregelungen der DIN 18040-1 für geringere Breiten [150 cm und 120 cm] durch Begegnungs- und Wendestellen kommen nicht zur Anwendung!)

Nutzbare Höhe

- mindestens 220 cm
- insbesondere Unterlaufbarkeit von Treppen o. ä. durch feste bauliche Maßnahmen verhindern (Markierung durch Bodenindikatoren oder bewegliche Gegenstände ist nicht zulässig!)

Neigung

- maximal 3 % / 1,72° möglich
- bis 10 m Länge maximal 4 % / 2,29° möglich
- anderenfalls: normgerechte Rampen und/oder Aufzüge

Glaswände

an schwer erkennbaren verglasten Wänden (Sockel < 30 cm und/oder visuell schwer erkennbare, kontrastarme Sockel) Sicherheitsmarkierungen über gesamte Breite:

- Markierung mit Wechselkontrast
- unterer Kennzeichnungsbereich: 40 cm – 70 cm über OFF (Oberfläche Fertigfußboden)
- oberer Kennzeichnungsbereich: 120 cm – 160 cm über OFF (Oberfläche Fertigfußboden)
- Markierungsband jeweils ≥ 8 cm

Bodenbeläge

- rutschhemmend (mindestens R 9 nach DGUV Regel 108-003 (bisher BGR 181))
- fest verlegt
- für Rollstühle, Rollatoren etc. geeignet: ohne Profil, Noppen
- unifarben oder mit zufälliger und kontrastarmer Struktur, die kein eigenes Muster ergeben (z. B. Granulatnachahmung)
- Unebenheiten und Übergänge mit Farbe und Helligkeitskontrast signalisieren
- ohne Muster, die als Leitlinie oder als Signalisierung von Unebenheiten und Übergängen fehlinterpretiert werden können
- reflexionsarm
- trittschallhemmend
- keine losen Schmutzfangmatten
- Kontrast Bodenbelag bei Raumwechsel, z. B. Flur – Raum « 0,4 (Vermeidung Tiefenwahrnehmung)

Ausstattungselemente (Schilder, Vitrinen, Feuerlöscher, ...)

- visuell durch ausreichenden Helligkeitskontrast erkennbar
- mit dem Langstock auf einer Höhe von maximal 15 cm über dem Boden ertastbar, z. B. über 3 cm-Sockel oder Tastleiste oder bis auf den Boden herunterreichend

Rollstuhlabstellplätze

- in ausreichender Anzahl und ausgewiesen
- nicht in Übergangsbereichen (z. B. Windfang), zugfrei und ausreichend temperiert
- Bewegungsfläche 180 cm x 150 cm plus vorgelagerte Bewegungsfläche 180 cm x 150 cm
- möglichst mit Lademöglichkeiten für E-Antriebe

Informations- und Leitsysteme

- nach dem Zwei-Sinne-Prinzip gestaltet: visuelle, kontrastreiche und ausreichend große Lagepläne, ergänzt durch taktile Etagen-Lagepläne oder auditive Informationen (durch QR-Code oder Navi-App)
- möglichst lückenlos, insbesondere zu Info-Points und zentralen Einrichtungen
- keine Überlagerung der Informationen, z. B. durch Werbung
- Bodenindikatoren (Auffindestreifen, Leitstreifen: taktil und visuell gut kontrastierend) als Bestandteil eines Gesamtleitkonzepts bei Gebäuden mit starkem Publikumsverkehr und uneinheitlicher Gebäudestruktur
- taktil erfassbare Beschriftungen oder Piktogramme, z. B. vor WC, Dusche etc. (siehe auch Türen/Beschilderung)
- taktile Informationen zur Etage oder zum Gebäudeteil etc.: siehe 1.7 Handläufe an Treppen und Rampen
- zugängliche Raumbeschilderung: siehe 1.9 Beschilderung

Akustik

Raumgruppe B3 (mindestens 0,20 m² Schallabsorptionsfläche pro m³ Raumvolumen[*] bei einer Raumhöhe von 2,5 m), im Ausnahmefall für Flure bei geringer Nutzung B2
    Schallabsorber ohne erkennbare (Loch-)Muster und hohe Helligkeits- und/oder Farbkontraste; keine Akzentfarbe

Beleuchtung

- 200 lx – 400 lx (Bodenebene; in Abhängigkeit von Nutzungsintensität und der Beleuchtungsstärke der angrenzenden Räume)
- bei Nutzung als Lernraum: 800 lx – 1000 lx; Indirektanteil >50 %
- Unified Glare Rating / UGR = 22 im Ausnahmefall 25; bei Nutzung als Lernraum 19 und besser

Farbgestaltung

- abgestimmte, ruhige Farbkombinationen (Trend: Decken weiß/hell; Wände hell/Pastell; Boden eher dunkel), farbliches Wirrwarr vermeiden
- Farb- und Helligkeitskontraste als Informationsträger und zur Orientierung nutzen
- gesättigte, anregende, leuchtende und grelle Farben:
  - nicht für große Flächen (inklusive Schallabsorber)
  - für funktional-wesentliche, sicherheits- und orientierungsrelevante Elemente (Türen, Säulen, ...)
  - für kleine Flächen und hervorzuhebende Objekte (Schalter, Knöpfe, Griffe)
- bei der Kombination von Farben: mögliche Farbfehlsichtigkeiten einbeziehen

Kommentare

Die einschlägigen Vorgaben sehen bei den Bewegungsflächen eine Mindestbreite von 150 cm vor; in diesem Falle wären nach maximal 15 m Länge Begegnungsflächen von 180 cm x 180 cm einzurichten. Diese Mindestmaße sind für Bildungsbauten nicht anzusetzen, da die Nutzung derartiger Begegnungsflächen insbesondere in „Stoßzeiten" nicht realistisch ist. Der formulierte Ausnahmefall bei geringer Nutzung, nicht vorzusehender Richtungsänderung und bis 6 m Länge eine Wendemöglichkeit am Anfang und am Ende von 180 cm x 180 cm einzuplanen, ist ebenfalls nicht in Anwendung zu bringen. Weiterhin ist bei den baulich zu realisierenden Bewegungsflächen die angestrebte Nutzung einzubeziehen: z. B. Mindestbreite (180 cm) plus Tiefe der Schließfächer plus Türenbreite plus Stellfläche für eine Person.

Weder die DIN EN 12464-1:2011-08, die ASR A3.4 (BAuA 2014) noch viele weitere Quellen, die auf diese Vorgaben aufbauend einen Mindestwert für die Beleuchtungsstärke für Verkehrsflächen, Flure, Foyers etc. vorlegen, folgen dem Denkansatz, dass diese Flächen in Bildungsbauten andere Sehaufgaben erfordern. Lediglich die LiTG gibt in ihrem Leitfaden zur Beleuchtung von Unterrichts- und Vortragsräumen für Eingangshallen einen Wartungswert von 200 lx bei einem UGR von 22 an (vgl. Schierz 2013, 16).

Ein Eingangsbereich, ein Foyer, ein Atrium ... in Bildungsbauten ist ein Treffpunkt und Ort der Kommunikation: Eltern verabschieden ihre Kinder in der vorschulischen Einrichtung, Schülerinnen und Schüler finden sich in ihren Peergruppen zusammen, tauschen Erlebnisse und Gelerntes aus, Studierende und Lehrende nutzen die Zeit vor und nach der Lehre, um offen gebliebene Fragen zu diskutieren... Weiterhin sind Eingangsbereiche in Bildungsbauten Informations-Hotspots: Aushänge zu aktuellen Terminen und Aktionen, Vertretungs- und Raumpläne müssen aufgefunden und nutzbar sein. Häufig ist eine Nutzung des Eingangsbereichs und des Foyers polyvalent angedacht: Foyers ersetzen oder ergänzen die größeren Veranstaltungsräume (z. B. Aula, Vorführungsraum). Insbesondere Schulen werden darüber hinaus zunehmend zu Orten der inklusiven Entwicklung von Stadtquartieren und Bildungslandschaften und Hochschulen bieten das Podium für nationale und internationale Tagungen und Konferenzen. Die dadurch entstehenden Räume für mobile Lern-, Begegnungs- und Kommunikationsinseln, Posterpräsentationen, Informationsstände u. v. a. m., also multifunktionale Eingangsbereiche, erfordern insbesondere in den Bereichen Akustik und Beleuchtung/Farb- und Kontrastgestaltung die Anwendung von Kennziffern aus den Bereichen „öffentlich zugänglicher Räume" resp. Veranstaltungs- und Versammlungsräume, Mensa, Sport usw. Die Kriterien der Barrierefreiheit der jeweiligen einzelnen Nutzungsvariante können dabei sehr verschieden und sogar widersprüchlich sein.

Insbesondere im Schul- und Hochschulbau – und zuweilen auch bei preisgekrönten und/oder als best practice gehandelten Beispielen – müssen zwei gravierende Problembereiche konstatiert werden: die fehlenden Kontraste und multifunktionale Treppen (dazu siehe 1.5.). Die Farbgestaltung des multifunktionalen zentralen Raums wird häufig durch komplette Holzverkleidung (z. B. Christ's College, A.P. Møller-Skolen; vgl. Chiles 2015, 76ff.), Sichtbeton und weiße Oberflächen (z. B. St. Benedict's School; vgl. Chiles 2015, 74ff. / Gebhardschule; vgl. Kricke et al. 2018, 256f. / Schmuttertal-Gymnasium; vgl. Auer, Nagler 2017, 229ff.) oder durch gleich helle Farbkombinationen (wie z. B. braun und dunkelgrün im Labyrinth und dem Aufenthalts- und Bewegungsraum der IGS Göttingen; vgl. Kricke et al. 2018, 222ff) dominiert. Wärme, Licht, Luft und Offenheit werden transportiert. Gleichsam werden aber die Wahrnehmung des Raums in seiner Begrenztheit sowie die Orientierung im Raum erschwert oder verunmöglicht. Stützpfeiler, Stufen und Treppen können häufig als Hindernis nicht wahrgenommen werden und Ein- und Ausgänge für anliegende Räume (Türen) sind kaum visuell auffindbar.

Schallabsorber können entweder vollkommen „unsichtbar" eingebracht werden, oder sie erfüllen einen dekorativen Zweck. Zu beachten bleibt, dass Schallabsorber ohne informativen oder dekorativen Zweck nicht einfach als Träger von „Buntheit" eingesetzt werden sollen.

Auch Schließfächer (die selbstverständlich hinsichtlich der Eingabefelder für die Schließcodes und der Öffnungsmechanismen zugänglich gestaltet sind) müssen visuell auffindbar sein. Diese Auffindbarkeit muss aber gut unterscheidbar von der visuellen Auffindbarkeit der Türen sein und darf diese nicht „überlagern" oder „überdecken"; hier sind Prioritäten festzulegen und umzusetzen.

Verweise

DIN 18040-1: 4.1, 4.3.1, 4.3.2, 4.3.3.5, 4.3.4, 4.3.9, 4.4.1, 4.4.4, 4.5.4
ÖNORM B 1600: 2017-04: 5.1.8
DIN 32984
DIN 18041
DIN EN 12464-1
DGUV Regel 108-003
LiTG Leitfaden (Schierz 2013)
Holfeld 2013
Rudow 2014

1.5   Treppen und Einzelstufen

Grundsatz

- vertikale Verbindung nur über Treppen, Rampen und Aufzüge
- Fahrtreppen und geneigte Fahrsteige sind nicht barrierefrei
- Schleppstufen und integrierte „Treppenrampen" sind unzulässig

Treppenlauf

- geradläufig, Treppenlauflinie rechtwinklig zu den Treppenstufenkanten (viertel-, halbgewendelte Treppen, Kegel- und Pyramidentreppen sind unzulässig), ggf. mit Zwischenpodest
- Eckpodest (90°) und Wendepodest (180°); andere Winkel sollten vermieden werden
- Bogentreppen sollten vermieden werden; müssen dann aber einen Innendurchmesser von mindestens 200 cm aufweisen und die Trittstufen müssen eine Mindesttiefe von 260 mm aufweisen
- klare Trennung des Treppenlaufs von Bereichen einer Sitztreppe (durch Handlauf und/oder klare Leitlinienführung) bei multifunktionalen Treppen

Stufen

- nur mit Setzstufen
- mit Trittstufen, die nicht herausragen
- Unterschneidung bei schräger Setzstufe ≤ 2 cm
- Schrittmaß 62 +/- 3
- an freien seitlichen Stufenenden Aufkantung

Erkennbarkeit / Stufenvorderkantenmarkierung / Aufmerksamkeitsfeld

- kontrastierende Streifen (Helligkeitskontrast; k > 0,4) an **allen** Stufenkanten in einer Breite von 4 cm bis 5 cm auf der Trittstufenvorderkante sowie in einer Breite von 1 cm bis 2 cm an der Oberkante der Setzstufen ohne Lücke (Stolperzentimeter sind zwingend zu vermeiden)
- Einzelstufen sind **immer** normgerecht zu markieren
- Kennzeichnung von Treppenan- und -austritten durch vorgelagerte, taktil erfassbare Felder (Aufmerksamkeitsfeld; Noppenplatte), mindestens 60 cm tief, auf ganzer Treppenbreite
- bei der Kennzeichnung des Treppenantritts (oben) ist eine visuelle Kontrastierung (k > 0,4) möglich und empfohlen; bei der Markierung des Treppenaustritts (unten) ist sie unzulässig (fehlender Kontrast zur Stufenvorderkantenmarkierung der letzten Stufe und Gefahr der Scheinstufe)
- klare Ankündigung (Sperrfelder) von Sitztreppen

Akustik

Raumgruppe B2 (mindestens 0,15 m² Schallabsorptionsfläche pro m³ Raumvolumen[(*)] bei einer Raumhöhe von 2,50 m), Raumgruppe B1 nur für Räume ohne Aufenthalt, z. B. reine Fluchttreppenhäuser

Beleuchtung

- 200 lx (Bodenebene)
- Unified Glare Rating / UGR = 25, besser 22
- ggf. angehobene Beleuchtungsstärke an Treppenan- und -austritt

Kommentare

Bei der Sanierung von Treppenläufen von mehr als drei Stufen ist im Ausnahmefall (z. B. im Bestand und/oder im Denkmal) die Markierung der ersten und letzten Stufe mit normgerechter Stufenvorderkantenmarkierung möglich. Es sollte in diesem Fall jedoch gesichert sein, dass der Kontrast zwischen Treppenstufen bzw. Aufkantung und Wand mit einem visuell wahrnehmbaren Helligkeitskontrast von > 0,4 realisiert wird.

Ist die Kennzeichnung von Treppenan- und -austritten durch vorgelagerte, taktil erfassbare Felder (Aufmerksamkeitsfeld) durch bauliche Verhältnisse (z. B. Flurbreiten) nicht in voller Tiefe möglich, so kann im Einzelfall unter Zugrundelegung des Schutzziels davon abgewichen werden.

Bei <u>multifunktionalen Treppen</u> ist die Trennung von Treppenlauf und Sitztreppe unabdingbar. So ist bei der Lösung der A.P. Møller-Skolen (vgl. Chiles 2015, 78), die Trennung durch Handläufe realisiert. Bei fast allen beispielhaft veröffentlichten multifunktionalen Treppen ist dies nicht gegeben. Die Lösung der Hellrup-Schule (vgl. Chiles 2015, 79) ist höchst gefährlich, denn der durchgängige Handlauf führt auf der einen Seite auf eine Sitztreppe und auf der anderen Seite auf einen Treppenlauf. Die Grenze zwischen Treppenlauf und Sitztreppe ist nicht gekennzeichnet. Extrem ist die als „transparent" gelobte Lösung des Corlaer College (vgl. Chiles 2015, 134 und Meuser 2014, 182f): keine Stufenvorderkantenmarkierung, keine Handläufe, keine Trennung zwischen Treppenlauf und Sitzstufe und durchweg eine kontrastarme Gestaltung (hellgrau, Buche) und unmarkierte Glastüren und -flächen sowie Rampen ohne Radabweiser/Begrenzungen/Handläufe ... machen aus dem best practice-Szenario eine Beispielsammlung der zu vermeidenden Fehler. Höchst gefährlich sind auch Sitztreppen, in denen Treppenläufe (sogar mit schrägem Verlauf) integriert und obendrein ohne jedwede Kontraste umgesetzt sind (z. B. Escola Secundária; vgl. Chiles 2015, 137).

Verweise

DIN 18040-1: 4.3.1, 4.3.6.2, 4.3.6.4
DIN 32984
Böhringer 2002, 2003, 2012
Böhringer & Stemshorn 2017
BAuA 2013
ASR A1.8 (BAuA 2018b)
ASR V3a.2 (BAuA 2018a)
DIN 18041
DIN EN 12464-1
LiTG Leitfaden (Schierz 2013)

1.6 Rampen

Breite und Länge

- mindestens 120 cm nutzbare Laufbreite
- bei Rampenlängen > 600 cm Zwischenpodest von mindestens 150 cm Länge ohne Quer- und Längsneigung
- Bewegungsfläche von 150 cm x 150 cm am Anfang und Ende von Rampen
- Sicherheitsabstand zu Treppen: oben ≥ 3 m; unten ≥ 10 m

Neigung

- nicht mehr als 6 % / 3,44°
- im Ausnahmefall und als zeitlich begrenztes und mit Warnung gekennzeichnetes Provisorium: bei kurzen Strecken ≤ 2,5 m: bis 8 % / 4,57° (Warnung: ab 8 % / 4,57° Sturzgefahr und daher ausgeschlossen!)
- keine Querneigung; ggf. Entwässerungsneigung von 1,5 % möglich

Radabweiser

an den freien Seiten der Rampen und ihrer Podeste 10 cm hoch

Handlauf

- beidseitig normgerechte Handläufe (vgl. Handläufe)
- zweiter Handlauf in Höhe von 55 – 65 cm empfohlen

Erkennbarkeit

optisch kontrastierend gestaltete Anfänge und Enden von Rampen; bei Rampen, auf die man von der Seite zugeht, auch seitlich

Kommentare

Bei der Inanspruchnahme des Ausnahmefalls einer provisorischen Lösung sind sowohl zeitliche Begrenzung als auch die Schritte zur Überführung in eine normgerechte Lösung festzuhalten und deren Umsetzung zu überprüfen. In Einzelfallentscheidungen (im Denkmal, bei einengenden Bebauungsgrenzen etc.) sind alle Abweichungen dem Schutzziel zu unterstellen. Dabei ist eine eigenständige und gefahrenfreie Nutzung durch alle zu ermöglichen.

Verweise

DIN 18040-1: 4.3.6.3, 4.3.8.2, 4.3.8.3
ISO 21542: 8.2
DIN 32975

1.7 Handläufe an Treppen und Rampen

Anordnung und Ausführung

- beidseitig und ohne Unterbrechung (z. B. am Podest)
- an Treppenbreiten > 12 m (außen) und > 4 m (innen): zusätzliche, beidseitig nutzbare Zwischenhandläufe
- Abstand zur Wand mindestens 5 cm
- Befestigung von unten kommend
- Form griffsicher und gut umgreifbar
- Form vorzugsweise rund oder oval
- Durchmesser 3 cm – 4,50 cm
- an Treppen mindestens 30 cm über Anfang und Ende: waagerecht weiterführend
- abgerundet nach unten oder zur Wand abschließend

Höhe

- 85 cm bis 90 cm über Stufenvorderkante OFF (Oberfläche Fertigfußboden) bis Oberkante des Handlaufes
- zweiter Handlauf in Höhe von 55 cm – 65 cm bei hoch frequentierten Treppenläuten und/oder nutzungsabhängig empfohlen
- Geländer (Höhe 110 cm) getrennt und nicht im Design eines Handlaufes ausgeführt

Erkennbarkeit

visuell kontrastierend zum Hintergrund

Orientierung

taktile Handlaufschilder (Braille und Pyramidenschrift), z. B. zum Stockwerk und zu Wegebeziehungen, vorzugweise auf der Oberseite des Handlaufs anzubringen

Beleuchtung

„nach unten leuchtende" Handläufe fördern Erkennbarkeit der Handläufe und ergänzen Grundbeleuchtung der Treppen und Rampen

Verweise

DIN 18040-1: 4.3.6.3, 4.3.6.4, 4.3.8.3
BAuA 2013
ASR A1.8 (BAuA 2018b)
ASR V3a.2 (BAuA 2018a)
RIL 813.0304 (DB 2012)

1.8 Aufzug

Typ

- Im Ausnahmefall Aufzugtyp 2 (z. B. Bestand) vorzugsweise Aufzugstyp 3 nach DIN EN 81-70
- Mindestinnenmaß 110 cm x 140 cm, bei hoch frequentierten Aufzuganlagen und bei entsprechender Nutzung 140 cm x 210 cm

Zugangsbreite

- mindestens 90 cm (lichte Breite) als Ausnahme und im Bestand
- bei hoch frequentierten Aufzuganlagen / im Regelfall: 110 cm

Bewegungsfläche außen

- 150 cm x 150 cm (besser 200 cm x 200 cm) vor dem Aufzug
- zusätzliche Durchgangsfläche für das Passieren eines wartenden Rollstuhlfahrers von zusätzlich 90 cm
- Abstand zu abwärtsführenden Treppen gegenüber von Aufzugstüren ≥ 300 cm
- akustisches und visuelles Signal für zugewiesenen Fahrkorb
- Vermeiden komplexer zentraler Steuerungssysteme mit Abstand zu Aufzugstüren

Orientierung

- Bodenmarkierung: Auffindestreifen zum Anforderungstaster des Aufzugs
- taktil und visuell gut erkennbare Befehlsgeber mit deutlicher akustischer und visueller Rückmeldung bei Ausführung
- gut lesbare Etagennummer gegenüber der Eingangstür

Ausführung innen

- Spiegel (nur) an der gegenüberliegenden Wand zur Tür (zum sicheren Zurücksetzen) in Aufzugstyp 2 zwingend
- Spiegelunterkante zwischen 30 cm und 85 cm über OFF (Oberfläche Fertigfußboden)
- normgerechter Handlauf an mindestens einer Seitenwand
- Handlauf robust und kontrastreich ausgeführt
- taktil und visuell gut erkennbare Befehlsgeber
- Durchmesser/Kantenlänge 5 cm
- Abstand Bedientasten >1 cm
- bei waagerechtem Tableau: Mittellinie auf einer Höhe von 90 cm
- bei senkrechtem Tableau: Mittellinie unterster Taster: 90 cm; Mittellinie oberster Taster: 110 cm
- bei waagerechtem Tableau für Befehlsgeber: Tableau geneigt
- Kennzeichnung mit Braille und Pyramidenschrift
- Tasten mit Druckpunkt und akustischer Quittierung
- akustische Signale beim Öffnen der Tür an der Haltestelle und beim Richtungswechsel des Aufzugs
- Sprachansage zur Positionsangabe an jeder Haltestelle
- sicht- und hörbare Notrufeinrichtung mit sicht- und hörbarer Rückmeldung
- Kennzeichnung Ausgangsgeschoss taktil (4 mm – 6 mm herausragend) und visuell (vorzugsweise grün)

Beleuchtung innen

- 100 lx – 200 lx (Bodenebene)
- gleichmäßig und blendfrei (Unified Glare Rating / UGR = 25, besser 22)

Beleuchtung Bewegungsfläche

- 300 lx (Bodenebene)
- ggf. angehobene Beleuchtungsstärke am Übergang

Kommentare

Die Mindestgröße des Aufzuges (Typ 2) ist für Bildungsbauten sehr knapp kalkuliert. Zum einen besteht in Einrichtungen der vorschulischen und schulischen Bildung durchweg die Anforderung an eine begleitete Nutzung. Betrachtet man zusätzlich den Platzbedarf für den Transport von personenbezogenen Materialien (Lernmaterialien, zusätzlicher Pflegebedarf...), ist die Grundfläche von 110 cm x 140 cm nicht ausreichend. Zum anderen sind Einrichtungen der beruflichen und tertiären Bildung zumindest in den Zeitfenstern des Raumwechsels derart hoch frequentiert, dass bei der Wahl der Mindestgröße der Aufzüge unangemessene Wartezeiten kaum vermeidbar wären.

Bei großen Aufzugsanlagen mit mehreren Fahrkörben und einem zentralen Rufsystem ist eine klare akustische und visuelle Information über den zur Verfügung stehenden Aufzug notwendig; die Wartezeiten sind an die Wegezeiten und eine mögliche Verzögerung anzupassen. Bei großen Systemen oder hoher Nutzungsfrequenz ist zu prüfen, inwieweit eine Vorzugsfahrt eines (großen) Aufzuges durch das Euroschlüssel-Schließsystem ermöglicht wird.

Besteht eine Bildungseinrichtung aus mehreren Gebäuden, ist in allen Gebäuden das gleiche System der Etagenbezeichnung zu nutzen (Anmerkung zur Etagenbezeichnung: Reguläre Ein- und Ausgänge in Etagen mit der Bezeichnung „Keller" oder „1. Obergeschoss" etc. sind zu vermeiden; Erstnutzerinnen und -nutzer erwarten im „Erdgeschoss" den Ausgang).

Verweise

DIN 18040-1: 4.3.5
DIN EN 81-20
DIN EN 81-50
DIN EN 81-70
DIN 32984
DIN EN 12464-1

1.9 Türen

Erkennbarkeit

für beide Seiten:
- Helligkeitskontrast Wand – (ausreichend breite) Zarge und/oder Türblatt: k ≥ 0,4
- Helligkeitskontrast Türblatt – Drücker/Beschlag: k ≥ 0,4
- taktil eindeutig erkennbare Türblätter oder –zargen

Beschilderung

- Anbringung konstant an Wand
- Anbringung an Türöffnungsseite
- Höhe 120 cm (– 140 cm) Schildunterkante über OFF (Oberfläche Fertigfußboden)
- Größe Schwarzschrift an Sichtweite angepasst: z. B. Sichtdistanz 1 m (Flur): 15 – 25 mm; 10 m (Foyer o. ä.): 180 – 250 mm
- gut lesbare Schrifttype (serifenlos, nicht kursiv, gute Unterscheidbarkeit, z. B. I vs. 1)
- Beschriftung hoch kontrastreich: k ≥ 0,8
- Nummerierungssystem nicht zu komplex
- Raumnummer in Braille und Pyramidenschrift
- kein Schattenwurf der taktilen Beschriftung (also nicht auf transparente Materialien)
- Beschreibung der Hauptkategorien der Raumnutzung in Braille
- Piktogramm stark konturiert, klar gestaltet, kontrastreich (k ≥ 0,8)
- Piktogramme flächig; bei linearer Gestaltung auf ausreichende Linienbreite achten
- Piktogramm WC-Räume als Relief
- Vermeiden der Beschriftung „Behinderten-WC"
- Nutzung des Accessible Icon als Piktogramm für das barrierefreie / rollstuhlzugängliche WC (vgl. 1.1)

Bauform

- Drehflügeltür und Schiebetür zulässig
- Karussellltüren und Pendeltüren unzulässig

Flügelblatt

- Flügelblattöffnungswinkel ≥ 90°
- Türblatt steht nicht offen im Raum/Flur (Türblatt überragt nicht die Leibung oder 180° Öffnungswinkel)

Glastüren

Bei Vollglastüren (mindestens ¾ Glasfläche; Rahmen ≤ 20 cm und/oder visuell schwer erkennbare, kontrastarme Rahmen):

- Markierung mit Wechselkontrast
- unterer Kennzeichnungsbereich: 40 cm – 70 cm über OFF (Oberfläche Fertig-fußboden)
- oberer Kennzeichnungsbereich: 120 cm – 160 cm über OFF (Oberfläche Fertig-fußboden)
- Markierungsband jeweils ≥ 8 cm
- Türöffnungsseite durch Abwinkelung der Markierung erkennbar

lichte Durchgangsbreite

mindestens 90 cm

lichte Höhe

mindestens 205 cm

Leibung

- maximal 26 cm tief
- bei Leibung ≥ 26 cm: zusätzlicher Bewegungsraum auf Türöffnungsseite ≥ 60 cm, besser 70 cm

Türdrücker

- leichtgängig
- Höhe Achse: 85 cm bis maximal 105 cm über OFF (Oberfläche Fertigfußboden)
- griffgünstig, z. B. bogenförmige oder U-förmige Griffe
- keine scharfen Kanten
- keine Drehgriffe
- Helligkeitskontrast Türblatt – Drücker/Beschlag: k > 0,4

Schwellen

- nicht zulässig
- im Ausnahmefall (z. B. Bestand) maximal 2 cm hoch und visuell kontrastierend zum Bodenbelag

Bewegungsflächen

vor Drehflügeltüren:
- in der Öffnungsrichtung / Bandseite 150 cm (besser 180 cm) x 150 cm

- in der Schließrichtung / Gegenseite 150 cm (besser 180 cm) x 120 cm
- vor Schiebetüren beidseitig 210 cm x 120 cm (Breite durch Addition 60 + 90 + 60)
- 150 cm in der Schließrichtung bei Begrenzung durch ein Bauteil, z. B. Wand

Abstand von Türdrückern und –griffen zu Bau-, Ausrüstungs- und Ausstattungsteilen

mindestens 50 cm, besser 70 cm

Kraftaufwand zum Öffnen und Schließen

maximaler manueller Kraftaufwand: Klasse 3 nach DIN EN 12217, ansonsten automatische Türsysteme (generell empfohlen an Gebäudeeingängen; vgl. 1.3)

Höhe der Taster bei automatischen Türsystemen

85 cm über OFF (Oberfläche Fertigfußboden) (mittig)

Abstände der Taster bei automatischen Türsystemen und seitlicher Anfahrt

mindestens 50 cm zur Hauptschließkante

Abstände der Taster bei automatischen Türsystemen und frontaler Anfahrt

- mindestens 250 cm in der Öffnungsrichtung / Bandseite

- mindestens 150 cm in der Schließrichtung / Gegenseite
- mindestens 150 cm (beidseitig) bei Schiebetüren

Schließablauf bei automatischen Türsystemen

einstellbare Schließkraft und Schließverzögerungen

Brand- und Rauchschutztüren

- Einsatz von Türschließern mit hohem Wirkungsgrad (Reduktion der erforderlichen Öffnungskräfte auf Niveau Klasse 3), sonst durchgängig mit Feststellanlagen und/oder automatischer Türöffnung
- auf Rettungswegen nach Auslösung: automatische Türöffnung im Einzelfall freischaltbar

Schalldämmung

- ausreichende Schalldämmung insbesondere bei Räumen mit hohem Schutzbedürfnis (Unterrichts-, Seminar- und Arbeitsräume) und bei Räumen mit hohem Emissionspotential (Mensen, Foyers, Werkstätten etc.)
- bei Nutzung der Flure und sonstigen Verkehrsflächen als Lernraum sowie durch Clusterlösungen ist es zwingend erforderlich, dass die Anforderungen an die Schalldämmung auf $R'_w \geq 37\,dB$ (Kategorie: Türen zwischen Unterrichtsräumen untereinander) angehoben werden

Kommentare

Mit Nachdruck muss auf die Notwendigkeit einer visuellen Wahrnehmbarkeit der Türen auf beiden Seiten verwiesen werden. Diese Wahrnehmbarkeit muss durch einen Helligkeitskontrast (und nicht durch einen Farbkontrast) realisiert werden. Der unter 1.4 bereits beschriebene Trend zur Ton-in-Ton-Gestaltung (Holz, Beton/Weiß etc.) erschwert nicht nur die Orientierung auf der Flurseite, er erschwert für viele Nutzerinnen und Nutzer auch die notwendige „Versicherung" des existierenden Ausgangs im Raum. Sollte die visuelle Wahrnehmbarkeit über eine farbliche Gestaltung der Zarge umgesetzt werden, muss diese auch von mehreren Blickwinkeln aus ausreichend breit präsent sein. Bei dem Einsatz von Türdrückern in Metalloptik ist auf jeden Fall auf eine matte Ausführung und die Einhaltung der Helligkeitskontraste von $k \geq 0,4$ zu achten (dieser Kontrast ist zumeist mit einem weißen Türblatt nicht umsetzbar). Aber auch eine Gestaltung des Raums mit zu vielen Kontrasten kann die visuelle Wahrnehmbarkeit der Türen erschweren. „Forschungsergebnisse zeigen, dass irritierende, sich wiederholende Muster (...) ungeeignet sind (...). Eine eingeschränkte Farbpalette und eine regelmäßige Anordnung von Türen und Fenstern, die der Architektur einen angenehmen Rhythmus verleiht, kommt [u. a.] den besonderen Bedürfnissen autistischer Schüler viel weiter entgegen" (Dudek 2015, 89).

Die Entscheidung zur Drückerhöhe muss durch die intensive Einbeziehung der Nutzerinnen und Nutzer begleitet werden. Dabei ist abzuwägen, dass die Bedienhöhe von 85 cm z. B. für Menschen mit Beeinträchtigung des Sehens und Nutzerinnen und Nutzer eines Rollators schwer auffindbar und nutzbar ist (vgl. auch Rau 2011, 101f.) sowie die ergonomische Nutzung im Allgemeinen eingeschränkt wird: Die Öffnung erfordert häufig die Beugung des Oberkörpers und kann nicht mehr aus dem Handgelenk resp. aus der Beugung des Arms heraus realisiert werden. Es sollten Türdrückergarnituren gewählt werden, die durch Auswechseln des Beschlages eine Bedienhöhe von 85 cm ermöglichen. Damit könnten insbesondere Klassenzimmer und weitere ausgewählte Räume mit angemessenem Aufwand ertüchtigt werden. Ebenso ist das Anbringen von zusätzlichen Klinken oder einer Klinke und einem waagerechten Druckbügel (Panikbeschlag) möglich.

Horizontale Griffe für das Zuziehen der Tür sind empfehlenswert (vgl. Rau 2011, 102). Die ausschließliche Verwendung von waagerechten Bügelsystemen (Panikbeschläge) ist nicht anzuraten; die Öffnungsrichtung der Tür ist damit schwer erkennbar.

Die Bewegungsflächen (Türen, Anfahrbarkeit Taster etc.) sind mit dem Mindestkantenmaß 150 cm lediglich für handangetriebene Rollstühle dimensioniert; die Erweiterung auf 180 cm oder 200 cm ist angesichts der Raumbedarfe von Elektrorollstühlen angezeigt. Ebenso sind die Raumbedarfe im Rahmen der Anfahrbarkeit von Türdrückern (bei tiefer Leibung etc.) von mindestens 50 cm auf mindestens 70 cm anzuheben.

Verweise

DIN 18040-1: 4.3.3.1, 4.3.3.2, 4.3.3.3, 4.3.3.4, 4.3.3.5
DIN 32975
DIN 32986
DIN 4109
DBSV Schriftgrößenrechner
ÖNORM B 1600:2017: 5.1.8
ISO 21542:2011: 10.7
Holfeld 2013
Hesse-Germann 2016

1.10 Sanitärräume alle

Kontrast

- WC-Zellentüren visuell auffindbar
- Helligkeitskontrast WC-Becken – Wand und Spülung – Wand: $k \geq 0,4$
- Helligkeitskontrast Waschtisch, Seifenspender, Handtrockner, Abfalleimer – Wand/Boden: $k \geq 0,4$

Türgriffe

Drehgriffe und Knäufe an WC-Zellentüren sind unzulässig

Kommentare

Der Standard bei WC-Kabinen ist immer noch die Einfarbigkeit; Kabinentüren sind visuell maximal durch schmale (Metall-)Zargen von den Trennwänden/Verkleidungen getrennt. Insbesondere im Schulbau vermehren sich unter der Zielsetzung der Vandalismusreduktion Lösungen, die großflächig und flächenbündig Foto- und/oder Grafikmotive über die gesamte Front realisieren. Die geforderte visuelle Auffindbarkeit der Türen und der Beschläge ist damit unverhältnismäßig erschwert. Es sind Lösungen zu entwerfen, die auch in diesem Fall zwei Leitziele miteinander verbinden.

Verweise

DIN 18040-1: 4.3.3.3, 5.3.1

1.11 Sanitärräume – rollstuhlzugänglich

Häufigkeit

rollstuhlzugängliches / barrierefreies WC
- in alle geschlechtsspezifisch getrennten Bereiche integriert
- jeweils beidseitig anfahrbar und mit eigenem Waschplatz innerhalb der Kabine
- als feste Kabine ausgeführt
- entsprechend gekennzeichnet

oder
- je geschlechtsspezifisch getrenntem Bereich: eine separate geschlechtsneutrale WC-Anlage

Bewegungsflächen

- mindestens 150 cm x 150 cm vor den Sanitärobjekten (Überlagerung möglich)

Anfahrbarkeit des WC-Beckens

- beidseitig mit mindestens 70 cm x 90 cm Bewegungsfläche
- im Ausnahmefall einseitig anfahrbar, wenn wählbare Alternative räumlich nahe möglich und ausgewiesen ist

Türen

- selbstständiges Öffnen und Schließen möglich
- von außen auch bei Nutzung im Notfall entriegelbar
- Drehflügeltüren nach außen schlagend

Armaturen

- Kalt- und Warmwasserversorgung
- Einhebelarmaturen oder berührungslose Armaturen (nur in Verbindung mit Temperaturbegrenzung – maximal 45 °C)

WC-Maße

- Tiefe: mindestens 70 cm
- Höhe: (inklusive Sitz) 46 cm bis 48 cm
- Rückenstütze 55 cm hinter der Vorderkante (WC-Deckel als alleinige Rückenstütze ungeeignet)

Spülung

- berührungslos oder mit Arm bzw. Hand bedienbar ohne Veränderung der Sitzposition, z. B. Auslöser in Stützgriff
- Spülung rückwärtig oberhalb des WC-Beckens unzulässig

Stützgriffe

- auf jeder Seite ein klappbarer Stützgriff mit einer Punktlast von mindestens 1 kN am vorderen Griffende
- lichter Abstand zwischen den Griffen 65 cm bis 70 cm
- Höhe: 28 cm über der Sitzhöhe
- ragt mindestens 15 cm über Vorderkante des WC-Beckes hinaus

Toilettenpapier

erreichbar ohne Veränderung der Sitzposition, vorzugsweise in Stützgriff integriert

Notrufanlagen

- vom WC-Becken aus sitzend und vom Boden aus liegend auslösbar
- kontrastierend gestaltet
- taktil erfassbar und auffindbar
- visuelle Rückmeldung über Notruf
- Notrufzentrale verlässlich und ohne Unterbrechung besetzt

Abfallbehälter

- dicht und selbst schließend
- mit einer Hand bedienbar

Waschtischtiefe

- unterfahrbare Tiefe mindestens 55 cm in 35 cm Höhe
- unterfahrbare Tiefe mindestens 30 cm in 67 cm Höhe
- Abstand zur Armatur ≤ 40 cm

Waschtischhöhe

maximale Höhe der Vorderkante 80 cm

Waschtischspiegel

mindestens 100 cm hoch und sitzend wie stehend einsehbar

Zubehör zum Waschtisch

Seifenspender, Handtuchtrockner, bzw. Handtrockner und Abfallbehälter im Bereich des Waschtisches angeordnet; Abstand ≤ 60 cm

Kleiderhaken

in mindestens 2 Höhen für die sitzende und stehende Position

Liegen

- 180 cm x 90 cm groß und 46 cm bis 48 cm hoch
- vor allem in mindestens einem der Sanitärräume von Sportstätten

Akustik

Raumgruppe B3 (mindestens 0,20 m² Schallabsorptionsfläche pro m³ Raumvolumen[*] bei einer Raumhöhe von 2,5 m)

Beleuchtung

- Beleuchtungsstärke 300 lx (Bodenebene)
- 500 lx – 750 lx (Augenhöhe – sitzend, 125 cm)
- Leuchte oberhalb des Spiegels mit mindestens 50 % Indirektanteil

- Unified Glare Rating / UGR = 19

Kommentare

Insbesondere in den Fällen, in denen die Nutzung der WC-Anlage mit Assistenz verbunden ist, z. B. im schulischen Kontext, ist die Sichtachse zu beachten. Verlässt die Assistenz während der WC-Nutzung die Anlage, ist die Wahrung der Intimsphäre zu gewährleisten. Die automatische Türöffnung ist so zu gestalten, dass bei Nutzung eine verlässliche Verriegelung und ein möglicher Zugang (nur) für die Assistenz oder im Notfall gewährleistet ist.

Verweise

DIN 18040-1: 5.3.1, 5.3.2, 5.3.3, 5.3.4, 5.3.6, 5.3.7
DIN 18041 (Referenz Pflege)
DIN EN 12464-1 (Referenz Sanitätszimmer)
LiTG Leitfaden (Schierz 2013)

1.12 Duschplätze

Duschplätze

- niveaugleich
- maximale Absenkung 2 cm

Bodenbeläge in der Dusche

- rutschhemmend

Handbrause

Einhebel-Duscharmatur, aus der Sitzposition seitlich in 85 cm Höhe über OFF (Oberfläche Fertigfußboden) erreichbar

Klappsitze bzw. stabile Duschsitze

- mindestens 45 cm tief / Sitzhöhe 46 cm bis 48 cm
- bei mobilen Duschsitzen: vier rutschfeste Füße und stabiler Stand durch leicht nach außen stehende Beine

Haltegriffe in der Dusche

- waagerecht in 85 cm Höhe, ergänzend auch senkrechte Haltegriffe
- auf beiden Seiten des Sitzes im Abstand von 65 cm bis 70 cm stufenlos hochklappbare Stützgriffe, Oberkante 28 cm über der Sitzhöhe, Vorderkante 15 cm über Sitz herausragend

Klarsicht-Duschtüren und -wände

stark kontrastierende Sicherheitsmarkierung

Verweise

DIN 18040-1: 5.3.5

1.13 Umkleidebereiche

Ausgestaltung

mindestens ein für das Aufstellen einer Liege geeigneter Raum:
- verriegelbar
- im Notfall von außen zu öffnen

ausgewiesener und geeigneter Raum für das Wechseln vom Straßenrollstuhl in den Badrollstuhl oder Sportrollstuhl

Akustik

Raumgruppe B2 (mindestens 0,15 m² Schallabsorptionsfläche pro m³ Raumvolumen[*] bei einer Raumhöhe von 2,50 m)

Kommentare

Werden die Sportstätten für Trainings- und Wettbewerbsbetrieb paralympischer Sportarten genutzt: vgl. Anmerkungen unter 1.15.

Verweise

DIN 18040-1: 5.4
DIN 18041
BISp-Orientierungshilfe 2010: 6.3 (Schmieg et al. 2010)

1.14 Schwimm- und Therapiebecken, andere Beckenanlagen

Zugang und Flächen

flache Treppe mit zwei Handläufen oder andere Lösung zum Herein- oder Herausrutschen: erhöhter Beckenrand, verbreiterter Beckenrand, „Finnische Rinne", Tauchplattform etc.

visuelle und taktile Markierung des Beckenrandes (Wulst); ggf. Zonierung der Einstiegsbereiche für unterschiedliche Gruppen von Nutzerinnen und Nutzern (Nutzung des Langstocks, Rollstuhls etc.)

Einbauten

Ggf. notwendige Ein- und Ausstiegshilfen (z. B. Laufkatze, Schwimmbadlifter etc.) dürfen nicht in den Beckenraum hineinragen oder müssen klar angekündigt und wahrnehmbar sein.

Akustik

Raumgruppe A5, Anforderung an die frequenzabhängige Nachhallzeit (125 Hz bis 4000 Hz), je nach Raumvolumen zwischen 0,7 s (bei 200 m³ Raumvolumen) und maximal 2,0 s (ab 10.000 m³)

Verweise

DIN 18040-1: 5.5
DIN 18041
BISp-Orientierungshilfe 2010: 6.4.4, 6.4.6 (Schmieg et al. 2010)

1.15 Sporthallen

Bewegungs- und Lagerungsflächen

ausreichende Dimensionierung der Flächen für den Wechsel der Prothesen und/
oder das Übersetzen zwischen Alltags- und Sportrollstühlen einschließlich der
Räume für die Lagerung

Bodenbeläge

Bei der Wahl der Sportbodenart sind spezifische Bedarfe paralympischer Sportarten mit einzubeziehen (punktelastische Böden für Nutzerinnen und Nutzern
von Rollstühlen nicht geeignet).

Trainings- und Wettkampfbetrieb paralympischer Sportarten

Werden die Sportanlagen für den Trainings- und Wettkampfbetrieb paralympischer Sportarten genutzt, sind entsprechend der „BISp-Orientierungshilfe.
Bauliche Voraussetzungen für den paralympischen Sport" (vgl. Schmieg et al.
2010, 26ff.) entsprechende Konsequenzen für den Zuschauerbereich, Räume für
die Dopingkontrollen, Räume für die Organisation der Wettkämpfe etc. vorzusehen. Weiterhin sind die Vorgaben für den Außenbereich (z. B. Parkplätze,
Anfahrbarkeiten) sowie die Dimensionierung der Bewegungsflächen in Fluren,
dem Umkleidebereich sowie dem Sanitärbereich anzupassen. Insbesondere der
Raumbedarf für den Wechsel der Prothesen und/oder das Übersetzen zwischen
Alltags- und Sportrollstühlen einschließlich der Lagerräume erfordert eine detaillierte Anpassung.

Akustik

Raumgruppe A5, Anforderung an die frequenzabhängige Nachhallzeit (125 Hz bis 4000 Hz), je nach Raumvolumen zwischen 0,7 s (bei 200 m³ Raumvolumen) und maximal 2,0 s (ab 10.000 m³)

Beleuchtung

- Beleuchtungsstärke 800 lx – 1000 lx (dimmbar)
- Unified Glare Rating / UGR = 19
- Lichtfarbenregelung mit Human Centric Lighting (HCL) oder manuell regelbar (3000 K – 6500 K) oder im Ausnahmefall fix 4000 K – 5000 K
- Farbwiedergabeindex R_a = 80 oder besser
- Verdunkelungsmöglichkeit (Blendungsbegrenzung Tageslicht) ohne harten Schattenwurf
- Beleuchtungsanlage ballwurfsicher / mit Sportgeräten im Deckenraum abstimmen

Kommentare

Die mäßige Forschungslage zum Themenbereich (z. B. schwache Vorgaben zum Themenfeld der Beleuchtung durch DIN18032-1, DIN 12464-1, LiTG 2013 mit der Vorgabe eines Wartungswertes von 300 lx) konstatieren Bükers (2017) und Bükers & Wibowo (2020) und entwickeln das Analyseschema EHfa (Eine Halle für alle).

Verweise

BISp-Orientierungshilfe 2010 (Schmieg et al. 2010)
DIN 18032-2, 4.1.2, 4.1.3 (DIN- Taschenbuch 134/1)
Meyer-Buck 2008

DIN 18032-1: 8.1, 8.2

DIN 18041

DIN EN 12464-1

LiTG Leitfaden (Schierz 2013)

Fördergemeinschaft Gutes Licht (2010) licht.wissen 08: Sport und Freizeit

1.16 öffentlich zugängliche Räume, z. B. Besprechungsräume, Beratungszimmer, Büros

Bewegungsflächen für relevante Tätigkeiten

mindestens 150 cm x 150 cm (besser 200 cm x 200 cm) (vor Besprechungstisch, Arbeitsplatz etc.)

Bodenbeläge

- rutschhemmend (mindestens R 9 nach BGR 181)
- fest verlegt
- für Rollstühle, Rollatoren etc. geeignet: ohne Profil, Noppen
- unifarben oder mit zufälliger und kontrastarmer Struktur, die kein eigenes Muster ergeben (z. B. Granulatnachahmung)
- ohne Muster, die als Leitlinie oder als Signalisierung von Unebenheiten und Übergängen fehlinterpretiert werden können
- reflexionsarm
- trittschallhemmend

Akustik

- Büros: Raumgruppe B4 oder B5 je nach Nutzung, mindestens 0,25 m² (B4) bzw. 0,30 m² (B5) Schallabsorptionsfläche pro m³ Raumvolumen[*] bei einer Raumhöhe von 2,5 m (je mehr gleichzeitige Kommunikation im Raum, desto mehr Absorber in den Raum)
- Besprechungszimmer: Raumgruppe A4 „Unterricht/Kommunikation inklusiv", Anforderung an die frequenzabhängige Nachhallzeit (125 Hz bis 4000 Hz), je nach Raumvolumen zwischen 0,40 s (bei 100 m³ Raumvolumen) und maximal 0,50 s (bei 500 m³)

- Schallabsorber ohne erkennbare (Loch-)Muster und hohe Helligkeits- und/oder Farbkontraste; keine Akzentfarbe

Beleuchtung

- Beleuchtungsstärke 800 lx – 1000 lx
- dimmbar
- Unified Glare Rating / UGR = 19
- möglichst hoher Indirektanteil
- blendfrei für alle Möblierungsszenarien und Blickrichtungen
- Blendungsbegrenzung Tageslicht ohne harten Schattenwurf
- Lichtfarbenregelung mit Human Centric Lighting (HCL) oder manuell regelbar (3000 K – 6500 K) oder im Ausnahmefall fix > 4000 K
- Farbwiedergabeindex R_a = 80 oder besser

Farbgestaltung

- abgestimmte, ruhige Farbkombinationen (Trend: Decken weiß/hell; Wände hell/Pastell; Boden eher dunkel), farbliches Wirrwarr vermeiden
- Farb- und Helligkeitskontraste als Informationsträger und zur Orientierung nutzen
- gesättigte, anregende, leuchtende und grelle Farben:
  - nicht für große Flächen (inklusive Schallabsorber)
  - für funktional wesentliche, sicherheits- und orientierungsrelevante Elemente (Tafel, Türen, Säulen, ...)
  - für kleine Flächen und hervorzuhebende Objekte (Schalter, Knöpfe, Griffe)
- bei der Kombination von Farben: mögliche Farbfehlsichtigkeiten einbeziehen

Verweise

DIN 18040-1: 4.1, 4.3.4

DIN 18041

DIN EN 12464-1

Fördergemeinschaft Gutes Licht (2016) licht.wissen 01: Die Beleuchtung mit künstlichem Licht

Fördergemeinschaft Gutes Licht (2012) licht.wissen 02: Besser lernen mit gutem Licht

Fördergemeinschaft Gutes Licht (2012) licht.wissen 04: Licht im Büro, motivie-rend und effizient

Fördergemeinschaft Gutes Licht (2018) licht.wissen 21: Leitfaden Human Centric Lighting (HCL)

LiTG Leitfaden (Schierz 2013)

Holfeld 2013

Rudow 2014

Dietz 2018

Seiferlein & Kohlert 2018, Kap 3

1.17 Räume für Veranstaltungen und Versammlungen, Unterrichts-, Seminar- und Schulungsräume, Hörsäle

Bewegungsflächen

Feste und bewegliche Möblierungskonzepte müssen Bewegungsflächen (mindestens 150 cm x 150 cm (besser 200 cm x 200 cm) vor relevanten Arbeits- und Präsentationsflächen; Materialschränken etc.) und Durchgangsbreiten von 150 cm im Regelfall (120 cm im Ausnahmefall) einplanen.

Bodenbeläge

- rutschhemmend (mindestens R 9 nach BGR 181)
- fest verlegt
- für Rollstühle, Rollatoren etc. geeignet: ohne Profil, Noppen
- unifarben oder mit zufälliger und kontrastarmer Struktur, die kein eigenes Muster ergeben (z. B. Granulatnachahmung)
- ohne Muster, die als Leitlinie oder als Signalisierung von Unebenheiten und Übergängen fehlinterpretiert werden können
- reflexionsarm
- trittschallhemmend

Plätze für Rollstuhlnutzerinnen und -nutzer

- angemessene Sicht auf die Darbietungszone

Standplatz bei Reihenbestuhlung

- mindestens 90 cm x 130 cm
- Durchgangsbreite des vorgelagerten Ganges mindestens 150 cm

seitlicher Standplatz bei Reihenbestuhlung

- mindestens 90 cm x 150 cm
- Durchgangsbreite des seitlichen Ganges mindestens 120 cm

Spezifische Sitzplätze bei fest installierter Bestuhlung

- Sitzplätze mit größerer Beinfreiheit für gehbehinderte und großwüchsige Menschen sowie für Personen mit Assistenzhund: 3 % der Plätze, mindestens zwei pro Raum
- Sitzplätze für Personen, die kleinwüchsig sind, mit klappbarer Ablage für die Füße: 1 % der Plätze, mindestens einer pro Raum
- Standplätze für Nutzerinnen und Nutzer eines Rollstuhls mit unterfahrbaren und höhenverstellbaren Tischen: mindestens 1 % der Plätze, mindestens zwei pro Raum (bei Räumen mit ansteigenden Sitzreihen: jeweils auf jeder Ein- und Ausgangsebene – oben/unten/Mitte)
- Sitzplätze für Begleitpersonen neben dem Rollstuhlplatz
- Sitzplätze mit Stromanschluss (Steckdosen) für Schriftdolmetscherinnen und Schriftdolmetscher und Nutzerinnen und Nutzer mit Bedarf an Assistiven Technologien (PC, Beleuchtung...): mindestens 1 % der Plätze, mindestens zwei pro Raum
- mobile, gekennzeichnete Sitzplätze für Gebärdensprachdolmetscherinnen und Gebärdensprachdolmetscher
- Verteilung der spezifischen Sitzplätze in mehrere Cluster

Veranstaltungsräume mit aufsteigenden Sitzreihen

- Handlauf an der Wandseite
- normgerechte Ausführung des Treppenlaufs
- normgerechte Markierung aller Stufen

- Stufenbeleuchtung (blendfrei und zur verbesserten Erkennbarkeit der Stufen-vorderkante)
- stabile, deutlich erkennbare Rückenlehnen und/oder Handgriffe am Rand einer Sitzreihe (Ausschluss der möglichen Fehlinterpretation klappbarer Stuhlteile als stabile Rückenlehne)

Informationsaufnahme / visuell

- ausreichende Helligkeit und Kontraste der Projektion
- kein durch Standort des Pults etc. erzwungener direkter Blick in Projektion für Vortragende
- Beleuchtung der Projektionsfläche gesondert reduzierbar/dimmbar

Podest / Podium / Bühne

- im Regelfall: ohne Podest
- wenn Podest unumgänglich: Anforderungen an Treppen, Markierung, Hand-lauf etc.: s. o. / Zugänglichkeit durch Rampe oder Hebebühne / normgerechte Markierung der Kante

Technische Geräte, Präsentationsmedien

- Technische Geräte inklusive Aufbewahrungssysteme (Tafel, Projektion, Mi-krofonanlage, Präsentationstechnik etc.) müssen zugänglich und nutzbar sein.
- Pult unterfahrbar; Höhe individuell einstellbar

Akustik

ausreichende Hörsamkeit durch Einhaltung der Anforderungen für

- Seminarräume: Raumgruppe A4 „Unterricht/Kommunikation inklusiv"
- Hörsäle: Raumgruppe A3 „Sprache/Vortrag inklusiv"
- bei vorwiegend musikalischer Nutzung: Raumgruppe A1
- Anhänge D/E: Beschallungsanlagen
- technische Anlagen zur Unterstützung individueller Hörhilfen
- Anhang F: Maßnahmen zur Verbesserung der Sprachverständlichkeit bei Schwerhörigkeit
- Kennzeichnung der Sitzplätze für Menschen mit Beeinträchtigung des Hörens (bei fester Bestuhlung an den Sitzplätzen; bei loser Bestuhlung auf dem Boden)
- Schallabsorber ohne erkennbare (Loch-)Muster und hohe Helligkeits- und/oder Farbkontraste; keine Akzentfarbe

Beleuchtung

- Beleuchtungsstärke 800 lx – 1000 lx, dimmbar
- Beleuchtungsstärke in mehreren Bereichen (Präsentationsbereich, Pult/Podest, Sitzplätze/...) stufenlos regulierbar/dimmbar
- möglichst hoher Indirektanteil (> 50 %)
- Unified Glare Rating / UGR = 19, besser 16/13 – bei loser Bestuhlung: blendfrei für alle Möblierungsszenarien und Blickrichtungen
- Lichtfarbenregelung mit Human Centric Lighting (HCL) oder manuell regelbar (3000 K – 6500 K) oder im Ausnahmefall fix > 4000 K
- Farbwiedergabeindex R_a = 80 oder besser
- Verdunkelungsmöglichkeit (Blendungsbegrenzung Tageslicht, Präsentation) ohne harten Schattenwurf (Lamellen); Folien- oder Stoffbehang
- bei fest installierter Bestuhlung: gesonderte Beleuchtung des Pults für Rednerinnen und Redner und Standplatz für Gebärdensprachdolmetscherinnen und -dolmetscher

Farbgestaltung

- abgestimmte, ruhige Farbkombinationen (Trend: Decken weiß/hell; Wände hell/Pastell; Boden eher dunkel), farbliches Wirrwarr vermeiden
- Farb- und Helligkeitskontraste als Informationsträger und zur Orientierung nutzen
- gesättigte, anregende, leuchtende und grelle Farben:
  - nicht für große Flächen (inklusive Schallabsorber)
  - für funktional wesentliche, sicherheits- und orientierungsrelevante Elemente (Tafel, Türen, Säulen, ...)
  - für kleine Flächen und hervorzuhebende Objekte (Schalter, Knöpfe, Griffe)
- bei der Kombination von Farben: mögliche Farbfehlsichtigkeiten einbeziehen

Kommentare

Insbesondere im Schulbau wird für das Erreichen der angestrebten Raumakustik der Einsatz von Teppichboden diskutiert. Teppiche haben jedoch aufgrund der geringen Dicke nur eine Wirkung in einem eingeschränkten Frequenzbereich und werden daher lediglich als Ergänzung eines raumakustischen Konzepts verstanden (vgl. Hilge et al. 2016, 53). Es ist darauf zu verweisen, dass die aktuellen raumakustischen Planungen auf die Ausstattung mit Schallabsorbern an Decke (ggf. auch Deckensegel) und Wänden sowie auf die Wahl des entsprechend optimierten Mobiliars fokussieren (vgl. z. B. Nocke 2014, 196-201). Für die Reduktion von Geräuschen beim Stühlerücken werden vorrangig Stuhlgleiter oder weniger Schall erzeugende Stühle empfohlen (vgl. Leistner et al. 2016, 30). Sollte im Einzelfall (z. B. im Bestand) auf Teppichböden zurückgegriffen werden, ist auf eine rollstuhlgerechte Ausführung zu achten.

Die Gestaltung der Kontraste ist abhängig vom pädagogischen Setting anzupassen: So kann es sinnvoll sein, dass z. B. Lichtschalter und Steckdosen visuell klar erkennbar sind ($k > 0{,}4$).

Die Liste der Herausforderungen für Sonnenschutzlösungen ist lang: Neben der Reduktion des Tageslichtanteils (bis zur vollständigen Reduktion) ist die Wärmeregulation einzubeziehen (vgl. u. a. Magistrat der Stadt Wien, 2013; Auer & Nagler 2017). Wesentlich unter dem Aspekt der umfänglichen Barrierefreiheit erscheinen zwei Kategorien: der Umgang mit Schatten und der Sichtbezug zum Außenraum. Viele Lamellenlösungen erzeugen scharf-konturierte Schatten im Raum, die für viele Nutzerinnen und Nutzer die sichere Orientierung im Raum erschweren. Gleichsam ist festzustellen, dass die üblichen Blendungsbegrenzungen (Lamelle, Vorhang, ...) häufig zur langfristigen und vollständigen Abdunkelung und damit auch zum Ausschluss eines Sichtkontakts mit dem Außenraum führen. Das widerspricht nicht nur der konsensuell notwendigen Nutzung des Tageslichts (vgl. dazu u. a. Boubekri 2016, 34-39), sondern erzeugt auch die zu vermeidende negative Wirkung des Raums als „Kellerraum". Auer und Nagler (2017, 67) verweisen auch auf die Erschwernisse (extern) elektronisch gesteuerter Systeme, die oft von den Nutzerinnen und Nutzer als bevormundend wahrgenommen werden und wetterabhängig agieren (wobei bei Wind und Sonne einige der Außenanlagen eingefahren werden). Daher empfiehlt der LWV-Hessen auch die Nutzung von Sonnenschutzanlagen im Rauminneren und Blendschutzrollos (Folien- oder Stoffbehang, Plissierung) mit einer Lichttransmission von ca. 2 % (2018, 14f.). Die Blendschutzrollos müssen unfarbig (z. B. grau, silber, hell-beige) sein.

Verweise

DIN 18040-1: 4.3.4, 5.2.1, 5.2.2
DIN 12464-1
DIN 18041
DIN EN 13200-1
Hilge et al. 2016
Leistner et al. 2016
Nocke 2014
LiTG Leitfaden (Schierz 2013)

Fördergemeinschaft Gutes Licht (2016) licht.wissen 01: Die Beleuchtung mit künstlichem Licht

Fördergemeinschaft Gutes Licht (2012) licht.wissen 02: Besser lernen mit gutem Licht

Fördergemeinschaft Gutes Licht (2012) licht.wissen 04: Licht im Büro, motivierend und effizient

Fördergemeinschaft Gutes Licht (2018) licht.wissen 21: Leitfaden Human Centric Lighting (HCL)

LWV Hessen 2018

Auer & Nagler 2017

Meuser 2014

Chiles 2015

Montag Stiftung Jugend und Gesellschaft 2017

Schönig & Schmidtlein-Mauderer 2013

Magistrat der Stadt Wien 2013

Dietz 2018

ÖNORM B 1600:2017

ÖNORM B 1602:2013: 5.4.2.1

Holfeld 2013

Rudow 2014

Seiferlein & Kohlert 2018, Kap 3

Versammlungsstättenverordnungen (VStättVO) der Länder

1.18 Computer- und Medienzentren

Grundsätze vgl. 1.17; ergänzend resp. abweichend:

Akustik

Raumgruppe B5, mindestens 0,30 m² Schallabsorptionsfläche pro m³ Raumvo-lumen[*] bei einer Raumhöhe von 2,5 m

Beleuchtung

• Unified Glare Rating / UGR = 16 oder besser, möglichst hoher Indirektanteil (> 50 %)

1.19 naturwissenschaftliche Fachräume, Laborräume; Lernküchen

Grundsätze vgl. 1.17; ergänzend resp. abweichend:

Arbeitsplätze

- höhenverstellbarer und unterfahrbarer, relevanter Arbeitsplatz (mindestens einer pro Einheit / Arbeitsbereich / Arbeitsaufgabe);
- Bedienelemente leicht erreichbar (z. B. an der Frontseite)
- Medienzugang und Notschalter im Greifraum aus sitzender Position erreichbar (inklusive Deckensysteme, Medienlift etc.)
- Abzüge an Arbeitsbereich anpassbar
- Medienunterscheidung (Verbindungen für Strom, Gas, Druckluft, LAN etc.) und Notschalter durch Farbgebung und spezifische, unterscheidbare Formen erkennbar
- Mindestens ein Arbeitsplatz pro Einheit / Arbeitsbereich / Arbeitsaufgabe muss die voll umfängliche und sichere Nutzung von (mechanischen und/oder elektronischen) Assistiven Technologien ermöglichen.

Akustik

Raumgruppe B3 bis B5 je nach Nutzung, mindestens 0,20 m² (B3) bzw. 0,25 m² (B4) bzw. 0,30 m² (B5) Schallabsorptionsfläche pro m³ Raumvolumen[*] bei einer Raumhöhe von 2,5 m

Waschbecken, Sicherheits- und Gesundheitseinrichtungen

- Waschbecken, Augen- und andere Sicherheitsduschen (in Nähe des zugänglichen Arbeitsplatzes) müssen normgerecht nutzbar sein (vgl. 1.11, 1.12).

- Löschdecken, Feuerlöscher etc. erreichbar und ggf. zusätzlich in kleinerer Dimensionierung vorhalten

Kommentare

Bei Lernküchen ist für jede im Curriculum vorgesehene Arbeitsaufgabe jeweils mindestens ein zugänglicher Arbeitsplatz (Lagerung, Kochen, Backen, Spülen, Zubereitung, Abfalltrennung) vorzuhalten. Auch bei Lernräumen, die eine Küchenzeile vorhalten, ist die Zugänglichkeit zu realisieren.

Für Werkstätten und Werkräume i. w. S. gilt für die entsprechende Umsetzung der Leitziele die besondere Beachtung der Arbeitssicherheit durch die Einrichtung der Arbeitsplätze (vgl. u. a. ASR V3a.2. (BAuA 2018a)).

Bei notwendigen Umkleidebereichen: vgl. 1.13

Verweise

Pagano & Ross 2015; Kap. 5, 74-89

1.20 Bibliotheksräume

Bewegungsflächen

- in den Regalreihen 120 cm (dann am Ende und Anfang Wendemöglichkeiten 150 cm x 150 cm bis 200 cm x 200 cm), besser durchgängig 150 cm
- für Arbeitsplätze, Lesebereiche etc. vgl. 1.17

Buchsicherungsanlagen

- bei Buchsicherungsanlagen Durchfahrbarkeit sichern (mindestens 90 cm; besser 120 cm) und Bewegungsflächen auf beiden Seiten
- Bei Kombinationen von Buchsicherungsanlagen und Eingangsbereichen/ (Drehflügel-)Türen ist die Tiefe der Bewegungsfläche um die Türflügelbreite zu erweitern.

Leseplätze

- unterfahrbar und höhenverstellbar (zwei pro Einheit / Ebene)
- Anschlussmöglichkeiten (Strom) und Stellfläche für Assistive Technologien

Arbeitsplatz für Menschen mit Blindheit, Seh- oder anderweitiger Lesebehinderung (print disability)

- Arbeits- und Studienplatz (ggf. in eigenem Raum oder entsprechend akustisch und visuell abgetrennt) mit jeweils aktueller Hard- und Software zur Rezeption, Bearbeitung (insbesondere Zugänglichmachung) und Speicherung von Papierdokumenten und elektronischen Dokumenten (Bildschirmlesegerät, Scanner, Texterkennung/OCR, akustische Ein- und Ausgabe, Braille-Tastatur und Braille-Display etc.)

Leitlinien und Orientierung

- Leitsysteme, Piktogramme etc. vgl. 1.4 und 1.9
- Hauptwege und Wege zur Evakuierung besonders kontrastreich hervorheben

Tresen

- Spezifische Anforderungen zur Auffindbarkeit, Unterfahrbarkeit etc. vgl. 1.23

Akustik

- Regalreihen, Magazin, Scan- und Kopierarbeitsplatz: Raumgruppe B3
- Ausleihbereich, Einzel- und Gruppenarbeitsplatz: Raumgruppe B4
- Einzelarbeitsraum: Raumgruppe B5
- Schulungs- und Seminarraum: Raumgruppe A4 „Unterricht/Kommunikation inklusiv"

Beleuchtung

- Regalreihen, Magazin: 300 lx (Bodenebene)
- Büchersaal, Lesesaal: 500 lx – 800 lx (Arbeitsebene) mit Arbeitsplatzleuchten oder 800 lx – 1000 lx dimmbar und für unterschiedliche Bereiche regelbar
- Unified Glare Rating / UGR = 19, möglichst hoher Indirektanteil (>50 %)
- Lichtfarbenregelung mit Human Centric Lighting (HCL) oder manuell regelbar (3000 K – 6500 K) oder im Ausnahmefall fix > 4000 K
- Farbwiedergabeindex R_a = 80
- Blendungsbegrenzung (Tageslicht) ohne harten Schattenwurf (Lamellen)

Kommentare

Bei Bibliotheken (im Sinn eines eigenständigen Gebäudes) sind die Anforderungen an eine Elementare Barrierefreiheit in den jeweiligen Bestandteilen zur Anwendung zu bringen: von den PKW-Stellplätzen (vgl. 1.1), über die Gehwege (vgl. 1.2), den Eingangsbereich (vgl. 1.3) bis hin zu den Fluren (vgl. 1.4), Treppen und Aufzügen (vgl. 1.5 bis 1.8), Türen (vgl. 1.9) und Sanitäranlagen (vgl. 1.10 und 1.11). Auch sind Besprechungs-, Seminar-, Computer- sowie Kopier- und Scannerräume (vgl. 1.16 bis 1.18), Teeküchen (vgl. 1.21) und Ruheräume (vgl. 1.22) entsprechend zu gestalten.

Verweise

DIN 18041
DIN 67700
DIN EN 12464-1
LiTG Leitfaden (Schierz 2013)
Irvall & Nielsen 2006
Weber 2009
Werner 2009
Marqua 2014
Mingers 2015
Voříšková 2016
Franke-Maier 2018
Rudolf 2018
Degenhardt 2019

1.21 Mensa, Cafeteria, Teeküchen

Möblierung

- Tische an- und unterfahrbar
- Stehtische nur als Ergänzung
- möglichst unterschiedliche Steh- und Sitzszenarien

Buffet, Ausgabe, Kasse

- Präsentationshöhe der Speisen < 120 cm über OFF (Oberfläche Fertigfußboden); ggf. Einblick durch Spiegel gewähren
- Tablettrutsche / Übergabetheke: 85 cm über OFF (Oberfläche Fertigfußboden); unterfahrbar
- bei Wegführung an Tablettrutsche: Bewegungsraum 120 cm und Langstocknutzung ermöglichen
- Erreichbarkeit von Selbstbedienungskassen und Bezahlsystemen, Besteckausgaben, Selbstbedienung z. B. bei Kaffeeautomaten beachten (Bedienhöhe < 110 cm; Bewegungsflächen davor: 150 cm x 150 cm, besser 200 cm x 200 cm)

Bodenbelag

- rutschhemmend in Teeküche etc. R10
- rutschhemmend vor Ausgabe R11
- möglich: visuelles Leitsystem zu relevanten Bereichen (Ausgabe, Eingang Ausgabebereich, ...)
- Muster vermeiden, die als Leitsystem fehlinterpretiert werden können

Informationssystem

- Informationssystem (Speiseplan, Preisliste, Allergeninformation, ...) zugänglich gestalten (QR-Code, App etc. mit Schnittstelle für Sprachausgabe und/oder Braille-Display)

Akustik

- Kantinen, Mensa, Cafeteria: Raumgruppe B5, mindestens 0,30 m² Schallabsorptionsfläche pro m³ Raumvolumen[*] bei einer Raumhöhe von 2,5 m
- Teeküchen: Raumgruppe B3 oder B4 je nach Nutzungsintensität, mindestens 0,20 m² (B3) bzw. 0,25 m² (B4) Schallabsorptionsfläche pro m³ Raumvolumen[*] bei einer Raumhöhe von 2,5 m

Beleuchtung

- Beleuchtungsstärke 800 lx – 1000 lx (Tischhöhe)
- Unified Glare Rating / UGR = 22, besser 19
- Farbwiedergabeindex R_a = 80
- Blendungsbegrenzung (Tageslicht) ohne harten Schattenwurf

Verweise

DIN 18041
ÖNORM B 1602:2013: 6.5
DIN EN 12464-1
LiTG Leitfaden (Schierz 2013)

1.22 Ruheräume

In Abstimmung mit den pädagogischen sowie mit den Diversity-Konzepten sind Anzahl und Ausstattung der Ruheräume zu bestimmen; Gebäudeübergänge und Wege außerhalb von Gebäuden sind zu vermeiden. Zu beachten sind auch die Rahmensetzungen der ASR A4.2 „Pausen-und Bereitschaftsräume" und der AS-RV3a.2 „Barrierefreie Gestaltung von Arbeitsstätten".

Bewegungsflächen

- Bewegungsflächen (150 cm x 150 cm (besser 200 cm x 200 cm) vor relevanten Liegen, Sitzen, Sesseln, Materialschränken etc.)
- Durchgangsbreiten 150 cm im Regelfall (120 cm im Ausnahmefall)

Akustik

- Raumgruppe B5, mindestens 0,30 m² Schallabsorptionsfläche pro m³ Raumvolumen[*] bei einer Raumhöhe von 2,5 m

Beleuchtung

- Beleuchtungsstärke 800 lx – 1000 lx, dimmbar
- Beleuchtungsstärke in mehreren Bereichen (z. B. im Bereich der Liege) stufenlos regulierbar/dimmbar
- möglichst hoher Indirektanteil (> 50 %)
- Unified Glare Rating / UGR = 16 oder besser – blendfrei für alle Möblierungsszenarien und Blickrichtungen
- Lichtfarbenregelung manuell regelbar (3000 K – 6500 K) oder im Ausnahmefall fix > 4000 K und Zusatzleuchte (z. B. Stehleuchte) mit Farbtemperatur 3000 K
- Farbwiedergabeindex R_a = 80 oder besser

- Verdunkelungsmöglichkeit (Blendungsbegrenzung Tageslicht) ohne harten Schattenwurf (Lamellen); Folien- oder Stoffbehang
- mögliche Sichtverbindung ins Freie bei gleichzeitigem Schutz vor Einblicken von außen

Farbgestaltung

- abgestimmte, ruhige Farbkombinationen (Trend: Decken weiß/hell; Wände hell/Pastell; Boden eher dunkel), farbliches Wirrwarr vermeiden
- gesättigte, anregende, leuchtende und grelle Farben vermeiden
- notwendige Helligkeitskontraste (Tür-Wand, Boden-Wand) realisieren
- bei der Kombination von Farben: mögliche Farbfehlsichtigkeiten einbeziehen

Verweise

DIN 18041
DIN EN 12464-1
LiTG Leitfaden (Schierz 2013)
Holfeld 2013
Rudow 2014

1.23 Serviceschalter, Pforte, Info-Points, Tresen

Bewegungsfläche

* 150 cm x 150 cm (besser 200 cm x 200 cm) vor dem Schalter
* Durchgangsbreite von (90 cm –) 120 cm auch bei Kundenkontakt ermöglichen

induktive Höranlage

* bei verglasten Schaltern o. ä. und/oder im lauten Umfeld und/oder bei Bedarf an Vertrautheit

Gestaltung des Tresens

* ein Bereich 80 cm – 85 cm hoch und unterfahrbar in einer Breite von mindestens 90 cm und in einer Tiefe von 55 cm (auch kombinierbar als Beraterelement)
* ein Bereich (Höhe 110 cm) mit Hinführung durch normgerechtes taktiles und visuelles Leitsystem; vgl. 1.3
* Bereich für Kommunikation ggf. taktil und visuell hervorheben
* bei verglasten Serviceschaltern und/oder lautem Umfeld: Gegensprechanlage mit induktiver Höranlage (Information und Kennzeichnung)

Akustik

Raumgruppe B4, mindestens 0,25 m² Schallabsorptionsfläche pro m³ Raumvolumen[*] bei einer Raumhöhe von 2,5 m

Beleuchtung

Zusätzlich zur Beleuchtungslösung des Raumes (Eingangshalle; Bibliothek etc.) ist eine blendfreie Akzentbeleuchtung zur Unterstützung der Orientierung möglich.

- Beleuchtungsstärke mindestens 300 lx (Bodenebene)
- 500 lx – 800 lx (beide Tresenhöhen)

Verweise

DIN 18040-1: 4.6
DIN 18041

1.24 Evakuierung

Alarmsystem

- visuelle und akustische Information (Zwei-Sinnes-Prinzip) und Alarmierung in Seminar- und Besprechungsräumen, Hörsälen, Fluren, Sanitärräumen, Mensen, Teeküchen etc.
- Ansagen in deutscher und englischer Sprache

Evakuierungspläne

- kontrastreich und ausreichend groß (Schriftgröße: minimal 10 mm)
- blendfrei präsentiert

Rettungswege

- ein Feuerwehraufzug je Zone
- ebenerdige Rettungswege ohne Schwellen, Stufen und Treppen
- gekennzeichnete, sichere und zugängliche Verweilbereiche (Stellplatz pro Person im Rollstuhl minimal 90 cm x 120 cm); eigenständige Kommunikationsleitungen zur Rettungszentrale; Bedienungselemente zugänglich (kontrastreich, maximal 120 cm über OFF (Oberfläche Fertigfußboden)), Notbeleuchtung, Brandrauchentlüftung

Verweise

DIN 18040-1: 4.7
DIN 4844-1
ÖNORM B 1602:2013, Anhang A

1.25 Erläuterung zum Raumvolumen / Akustik

(*) Die Schallabsorptionsfläche entspricht nicht der geometrischen Fläche des Schallabsorbers, sie ergibt sich aus der Multiplikation der geometrischen Flächengröße und dem Schallabsorptionsgrad. Beispiel: 20 m² eines Absorbers mit einem Absorptionsgrad von 0,20 (bei einer bestimmten Frequenz) erzeugen eine Schallabsorptionsfläche von 4 m2 (20 x 0,20 m²); von einem Absorber mit einem Absorptionsgrad von 0,50 sind dann nur 8 m² notwendig, um die gleiche Wirkung im Raum zu erzielen.

2. Barrierefreiheit im Bau von Bildungseinrichtungen als notwendiger Teil der Entwicklung inklusiver Bildungsprozesse

(überarbeitete und erweiterte Version des Beitrages *Degenhardt, Sven (2018) „Stell Dir vor es gibt eine inklusive Schule und Du kommst nicht rein ...!" – Barrierefreiheit im Schulbau als notwendiger Teil inklusiver Schulentwicklung. In: Sonderpädagogische Förderung heute, 63, 2, 145-157.* mit freundlicher Genehmigung des Beltz-Verlags)

Die erziehungswissenschaftliche Debatte um die Entwicklung einer inklusiven Schule in Deutschland lässt langsam den dichotomen Ansatz „Sonderschule" versus „Schule für Alle" hinter sich. Immer mehr pädagogische Disziplinen entdecken die inklusive Schule als „ihr Thema" und bringen unter dem Schirm des „weiten Inklusionsbegriffs" altbewährte, neu justierte und innovative Ansätze und Kategorien wie Vielfalt, Heterogenität, Differenzierung und Diagnostik in den Diskurs ein. Forschung zu Einstellungen zu Behinderung, zur Professionalisierung der beteiligten pädagogischen Fachkräfte in allen Phasen der Qualifizierung von Lehrkräften, insbesondere zu inklusiven Grundkompetenzen, sind – nicht nur vorangetrieben durch entsprechende Förderlinien – en vogue. Die kritischen, vielleicht sogar warnenden Stimmen, dass eine derart betriebene Weitung des „Inklusionsbegriffes" Gefahr läuft, eben diesen in die Unschärfe oder sogar Beliebigkeit zu führen und die Situation der Teilhabe von Kindern, Jugendlichen und jungen Erwachsenen mit Behinderung an schulischer Bildung aus dem Blick zu verlieren, werden im Diversity-Ansatz unter Verweis auf das Gewicht aller existenten Differenzlinien relativiert.

Im bundesdeutschen Hochschulbereich kommt das Spannungsfeld spezifischer vs. inklusiver Bildungsort erst gar nicht zum Tragen, denn tradierter Weise gibt es im deutschsprachigen Raum keine spezifischen Hochschulen für Studierende mit Behinderung. Vielmehr „haben die deutschen Universitäten und Hochschulen seit vielen Jahrzehnten fast geräuschlos die ‚Einbindung' von Studierenden mit

Behinderung ermöglicht. Waren es zunächst die versehrten Kriegsheimkehrer, die nicht zu Bürstenbindern oder Korbflechtern umgeschult werden wollten, so können Studierende mit Behinderung heute auf hochschulrechtlich verankerte Nachteilsausgleiche, spezifische Beratungs- und Unterstützungsangebote von Universitäten, Hochschulen und Studierendenwerken sowie auf zurzeit noch in der Sozialhilfe verankerte individuelle personelle und technische Unterstützung für die Durchführung des Studiums (z. B. Gebärdensprache, Assistenz, Hilfsmittel) zurückgreifen. Viele Barrieren im Studium werden so einzelfallbezogen beseitigt oder reduziert" (Degenhardt & Gattermann-Kasper 2014, 21).

Im Rahmen der Erarbeitung, Implementierung und Evaluation von Diversity-Konzepten treffen im Kern mehrere Traditionslinien zusammen, wie z. B. die Gleichstellung, die Vereinbarkeit von Familie und Studium/Beruf, die Internationalisierung und der Bereich Studieren mit Behinderung und chronischer Erkrankung. Die Zusammenführung zu einem Diversity-Konzept wurde und wird an über 50 Hochschulen durch das Diversity Audit des Stifterverbandes begleitet. „Das Auditierungsverfahren ‚Vielfalt gestalten' will Hochschulen ermutigen, die damit verbundenen Herausforderungen anzunehmen, und Wege aufzeigen, wie im Einklang mit dem jeweiligen Hochschulprofil eine diversitätsorientierte Hochschulkultur geschaffen werden kann. ‚Vielfalt gestalten' begleitet und berät die Hochschulen dabei, Strategien, Strukturen, Angebote, Instrumente und Maßnahmen für diverse Studierendengruppen zu entwickeln und diese Gruppen in den Hochschulalltag zu inkludieren und zum Studienerfolg zu führen" (Link 1). Im Ergebnis sind z. B. im Diversity-Konzept der Universität Hamburg konkrete Maßnahmen in fünf Schwerpunkten formuliert. Ein Schwerpunkt ist dabei die Schaffung barrierefreier Zugänge. „Barrierefreie Zugänge umfassen neben baulichen Anpassungen bzw. diversitätsgerechter Campus- und Bauplanung (...) auch Informations- und Kommunikationstechnologien sowie akustische und visuelle Informationsquellen" (UHH 2019, 14). So ist neben der strukturierten und detaillierten Erfassung baulicher Barrieren sowie der Erarbeitung eines Maßnahmeplans zum Abbau (im Rahmen der diversitätsgerechten Campus- und Bauplanung) auch die „Implementierung einer befugten Stelle für einen verbesserten Zugang zu urheberrechtlich geschützten Werken zugunsten von Menschen mit einer Seh- oder Lesebehinderung und [die] Implementierung des

Themenbereiches Zugänglichkeit als ein Schwerpunkt in der Digitalisierungs-
strategie des Verbundes der Bibliotheken" (UHH 2019, 20; zu Befugten Stellen
siehe u. a. Degenhardt 2019) geplant. Damit wird deutlich, dass es innerhalb des
Diversity-Prozesses gelungen ist, einer Gefahr entgegenzutreten, die darin besteht, dass Diskriminierung an Hochschulen in ad-hoc-Betrachtungen oft zu eng
mit Beschämungs- und Benachteiligungsaspekten verbunden wird und dass die
Diskriminierung durch das Vorenthalten angemessener Vorkehrungen in den
Hintergrund der Betrachtungen gerät.

An dieser Stelle soll festgehalten werden, dass folgend der Blick auf die Situation
von Kindern, Jugendlichen und Erwachsenen mit Behinderung innerhalb von
Bildungsprozessen gerichtet und somit Inklusion unter dem Fokus der UN-Behindertenrechtskonvention (UN-BRK) diskutiert wird. Das schließt ausdrücklich
den Zugang des „universal design" (UN-BRK, Artikel 2) ein.

Eine spezifische Stellung bei der Betrachtung der Zuständigkeiten bei der Umsetzung inklusiver Entwicklungsprozesse nimmt der Schulbereich ein, denn dort
sind in einer historisch gewachsenen, aber auch fragilen Gemengelage Bund, Länder und Kommunen involviert. Das Thema „Bildung, Schule und Inklusion" war
Schwerpunktthema des KfW-Kommunalpanel 2016, eine durch die Kreditanstalt
für Wiederaufbau in Auftrag gegebene Befragung der Kämmerer in Städten und
Gemeinden. Im Kern wird auch an diesem Bericht die seit Jahren – immer noch
ergebnisoffen – geführte Debatte fortgesetzt, ob die Implementierung einer inklusiven Schule „eine konnexitätsrelevante Aufgabenerweiterung ist, die erheb-
liche Mehrbelastungen erzeugt, oder eine Aufgabenmodifizierung der ohnehin
geltenden Aufgabe integrativer Schulentwicklung ist, deren Mehrkosten unter
der Bagatellschwelle liegen" (Degenhardt 2016, 132). Dementsprechend muss
auch durch die KfW konstatiert werden, dass aufgrund „zum Teil nach wie vor
ungeklärter Finanzierungszuständigkeiten zwischen Ländern und Kommunen
(...) Investitionen mit Inklusionsbezug [...] schleppend getätigt" (KfW 2016, 27)
werden und dass „Inklusion [...] für Kommunen – im Vergleich zu anderen bil-
dungspolitischen Maßnahmen – (noch) nicht oberste Priorität [hat], da in vielen
Bundesländern die Kostenfrage zur Zeit noch ungeklärt ist" (KfW 2016, 31). Bei

der Frage nach „Allgemeine[n] Einflussfaktoren einer erfolgreichen Implementation von Inklusion" bezeichnen 81 Prozent der befragten Kommunen den Bereich „Bessere finanzielle Förderung / Finanzierung von Inklusion durch Bund / Länder" als „sehr wichtig"; gefolgt von dem Bereich „Bauliche Herstellung von Barrierefreiheit" mit 54 Prozent (KfW 2016, 32). Auch mit Bezug auf das Thema der baulichen Barrierefreiheit wird festgestellt: „Zur erfolgreichen Verwirklichung von Inklusion bedarf es aus Sicht der Kommunen neben klassischer Bauinvestitionen auch der Klärung von Standards und Zuständigkeiten" (KfW 2016, 27).

Nicht minder herausfordernd ist die Klärung der Zuständigkeiten unterschiedlicher Akteurinnen und Akteure im Hochschulbau. Auch wenn Universitäten und Hochschulen das Thema Diversität konsequent in ihren Strukturplanungen und Entwicklungsplänen platziert haben – in ihrer Rolle als Nutzerinnen der Infrastruktur fehlen zumeist die Instrumente und belastbaren Abläufe, um Standards für die Barrierefreiheit zu implementieren. Dies abzustellen ist eine Aufgabe aller Beteiligten. Die Hochschulrektorenkonferenz (HRK) fordert in ihrem Empfehlungspapier „Eine Hochschule für alle" dann auch: „Bei Baumaßnahmen der Hochschulen sind die entsprechenden Regelungen zum barrierefreien Bauen (u. a. Landesbauordnungen und DIN-Normen) zu beachten. Eine barrierefrei gestaltete Umwelt berücksichtigt die Belange von mobilitätsbeeinträchtigten ebenso wie die von seh- und hörbehinderten Personen. Die Einrichtung spezieller Arbeitsräume und die Umrüstung von Labors sollten ebenso wie das Bereitstellen von Ruheräumen geprüft werden" (HRK 2009, 6). In der Evaluation dieser Empfehlungen musste die HRK insbesondere für die Personen mit Beeinträchtigung des Hörens und Sehens gravierende Mängel in der baulichen Barrierefreiheit einräumen (vgl. 2013, 29-30). Fast schon erschreckend ist jedoch die Aussage, dass 66 Prozent der befragten Hochschulen gar kein Konzept zur flächendeckenden Umsetzung von Barrierefreiheit haben (vgl. HRK 2013, 31). Es scheint offensichtlich, dass ein fehlendes Konzept zur Umsetzung der Barrierefreiheit keine negativen Auswirkungen z. B. auf die Akkreditierung von Studiengängen und die Zuweisung von Fördermitteln hat.

Unzureichender menschenrechtlicher Zugang im Bildungsbau

Der Ruf nach Standards in Bezug auf die Umsetzung baulicher Barrierefreiheit verwundert auf den ersten Blick. Bauen gilt in der öffentlichen Wahrnehmung als hochgradig geregelt und wird in der tagespolitischen Zuspitzung gerne als Beispiel der Überregulation herangezogen. Wer den Neubau, die Sanierung und den Betrieb von Bildungsbauten betrachtet, wird zumindest in zwei Bereichen ein festes und mächtiges Regelwerk kennenlernen: Brandschutz und Denkmalschutz sind oftmals Sieger über pädagogische Ideen. So scheitert die seit Jahren thematisierte Öffnung des Lernraumes vom Klassenzimmer hinein in den Flur (Lern- oder Arbeitsnischen, Spiel- oder Aufenthaltsbereiche etc.) oft am praktizierten Brandschutz, und gestalterische Ideen im und am Schulgebäude müssen verworfen werden, wenn sie den Zielen des Denkmalschutzes widersprechen.

Gibt es also ein Baurecht erster und zweiter Ordnung? Klare Regeln zum Brandschutz einerseits und andererseits lose Empfehlungen zur Barrierefreiheit, die im Stil sozialer Gewährung bedacht und umgesetzt werden – oder auch nicht?

Für einen derartigen Unterschied im gelebten Baurecht sprechen folgende Aussagen von relevanten Stakeholdern, die in den letzten Jahren in nationalen Handlungsfeldern gesammelt wurden: „Wenn wir kein zusätzliches Geld für Barrierefreiheit bekommen, können wir das eben nicht bauen ... und die Pauschalbeträge sind seit Jahren nicht gestiegen." Oder: „Wir müssen erst einmal den Sanierungs- und Modernisierungsstau abbauen! Dann können wir uns den anderen Themen wie barrierefreies und ökologisch-nachhaltiges Bauen zuwenden." Aus fachfremder, erziehungswissenschaftlicher Perspektive fällt es oftmals schwer zu verstehen, wie das „Schwarze Peter Spiel" in diesem Zusammenhang funktioniert: Barrierefreiheit ist in den Abläufen des Schulbaus und der Sanierungen nicht verbindlich verankert. Allen Bemühungen des „Leitfaden Barrierefreies Bauen: Hinweise zum inklusiven Planen von Baumaßnahmen des Bundes" (vgl. BMI 2016) zum Trotz, wird zurzeit im Schulbau in der „Phase ES" (Entscheidungsunterlage-Bau), in der „Phase EW" (Entwurfsunterlage-Bau) sowie in der „Phase A" (Ausführungsplanung) so gut wie nie ein „Konzept Barrierefreiheit" in auch für Laien nachvollziehbarer Textform mit aussagekräftigen Zeichnungen erstellt. Dadurch wird es zwangsläufig fast unmöglich, Verantwortlichkeiten auszumachen: Barrierefreiheit wird nicht (exakt) ausgeschrieben, nicht geplant, nicht bestellt und dann auch nicht geliefert und gebaut. Zuallerletzt wird das Gebäude auch „abgenommen" und der Nutzung übergeben, ohne die Mängel in der Barrierefreiheit zu erkennen.

Gegen die Versäumnisse beim barrierefreien Schulbau spricht klar die Rechtslage. Die UN-BRK ist in Artikel 9 „Zugänglichkeit" eindeutig und unmissverständlich:

„(1) Um Menschen mit Behinderungen eine unabhängige Lebensführung und die volle Teilhabe in allen Lebensbereichen zu ermöglichen, treffen die Vertragsstaaten geeignete Maßnahmen mit dem Ziel, für Menschen mit Behinderungen den gleichberechtigten Zugang zur physischen Umwelt [...] zu gewährleisten. Diese Maßnahmen [...] gelten unter anderem für a) Gebäude, Straßen, Transportmittel sowie andere Einrichtungen in Gebäuden und im Freien, einschließlich Schulen, Wohnhäusern, medizinischer Einrichtungen und Arbeitsstätten" (UN 2008, 1428).

Die Umsetzung des Artikel 9 wird in der UN-BRK nicht auf „Schwerpunktschulen" reduziert, wie es bildungspolitisch derzeit ausgelegt wird: Für Nordrhein-Westfalen erklärte die Bildungsministerin Löhrmann: „Darüber hinaus nimmt das Gutachten [zu den Folgekosten für die Kommunen] irrtümlicherweise an, dass jede Schule künftig inklusiv arbeiten und entsprechend barrierefrei auszustatten sein wird" (Landesregierung Nordrhein-Westfalen 05.09.2013, 3–4). Und in den Empfehlungen der Expertenkommission „Inklusive Bildung in M-V bis zum Jahr 2020" ist ausgeführt: „Diese Entwicklung eines Netzes von allgemeinen Schulen mit spezifischer Kompetenz bedeutet [...], dass nicht jede Schule barrierefrei (im weitesten Sinn, etwa für körperbehinderte oder sehbehinderte Schüler/innen) sein muss, also auch kein Rechtsanspruch auf jede Schule vorzuliegen braucht" (Expertenkommission M-V 2012, 107). Dieses Rechtsverständnis verkennt, dass jedes (!) öffentliche Gebäude im Sinne der UN-BRK, des Grundgesetzes und des Gesetzes zur Gleichstellung von Menschen mit Behinderungen (BGG) für alle, also auch „für Menschen mit Behinderungen in der allgemein üblichen Weise, ohne besondere Erschwernis und grundsätzlich ohne fremde Hilfe auffindbar, zugänglich und nutzbar" (BGG §4) sein muss. Nicht umfänglich barrierefreie Bildungsbauten, die aktuell gebaut oder umfangreich saniert werden, manifestieren für die nächsten 40 bis 50 Jahre das Nichteinlösen menschenrechtlicher Verpflichtungen und stellen im Sinne der versagten angemessenen Vorkehrungen einen Akt der Diskriminierung dar (vgl. Artikel 2 der UN-BRK).

Die schulpolitische Entscheidung, über das Instrument der Schwerpunktschulen einen kostengünstigen Weg der „progressiven Realisierung" zu gehen, ist aber auch unter fiskalischem Gesichtspunkt kaum vertretbar. Die irgendwann dann doch anstehende nachträgliche „Ertüchtigung" ist viel teurer als der barrierefreie Neubau. „Research has demonstrated that the cost of accessibility is generally less than 1% of total construction costs; how-ever, the cost of making adaptations after a building is completed is far greater" (Steinfeld 2005, 3). Meyer-Meierling schätzt in seiner Studie, dass die Kosten für die „nachträgliche Anpassung [...] mit 3.6 Prozent der Erstellungskosten also rund doppelt so teurer als die Einplanung des hindernisfreien Bauens bereits bei der Planung" (2004, 28) sind. Im Einzelfall kann dies bis auf 15 Prozent der Erstellungskosten ansteigen (Meyer-Meierling 2004, 29).

Auch die fast ein wenig resignierende Einschätzung der HRK zu Evaluation der Initiative „Eine Hochschule für alle" repliziert zentral die Kostenfrage: „So engagiert die einzelnen Hochschulen und insbesondere ihre Mitarbeiterinnen und Mitarbeiter sind und so wenig einzelne Maßnahmen zur Verbesserung der Teilhabe von Menschen mit Beeinträchtigung alleine von finanziellen Aspekten abhängig sind, so zeigt sich in vielen Fällen jedoch, dass eine gänzlich ‚kostenneutrale' Umsetzung der UN-Behindertenrechtskonvention und damit der Idee der Inklusion (‚Eine Hochschule für Alle') nicht möglich ist. Die Schaffung von barrierefreien baulichen, technischen und personellen Rahmenbedingungen bzw. von angemessenen Vorkehrungen im Sinne der UN-Behindertenrechtskonvention bedürfen Investitionen in die Hochschulen, die diese nicht alleine aus ihren derzeitigen Grundmitteln erbringen können" (HRK 2013, 34).

Doch auch dieser direkte Blick auf die Kosten für die Realisierung der Barrierefreiheit verkennt den Kern des Themas. Denn das Thema der baulichen Barrierefreiheit ist eng mit dem Ansatz des „universal design" (UN-BRK, Artikel 2) verbunden. Eine isolierte Strategie zur Herstellung von Barrierefreiheit für Menschen mit Behinderungen – auch im Schulbau – greift zu kurz. Maßnahmen zur Herstellung baulicher Barrierefreiheit sind keine zusätzlichen, teuren und fakultativen Maßnahmen, die in einem Akt der sozialen Gewährung einer Minderheit zugutekommen (vgl. Degenhardt & Schroeder 2016, 8). „Eine barrierefrei zugängliche Umwelt ist für etwa 10 % der Bevölkerung zwingend erforderlich, für etwa 30 bis 40 % notwendig und für 100 % komfortabel" (BMWA 2003, 3). Unterlaufbare Treppen, fehlende Stufenvorderkantenmarkierungen und nicht standardgerechte Handläufe stellen für alle Nutzerinnen und Nutzer eines öffentlichen Gebäudes, also auch einer Schule, ein erhebliches Unfallrisiko dar und sind eine Einschränkung der komfortablen Nutzung des Gebäudes. Zu große Nachhallzeiten erschweren das Sprachverständnis nicht nur für Lernende mit Beeinträchtigung des Hörens, sondern auch für mehrsprachige Lernende oder Kinder, Jugendliche und Erwachsene mit Flucht- und Migrationsbiographie.

Bildungsbau muss heute (!) die Bedarfe barrierefreier inklusiver Bildungsbauten in der (nahen) Zukunft antizipieren und realisieren – und zwar ohne den Anschein, dass die notwendigen Mittel „Folgekosten inklusiver Entwicklungen" sind. Die Kosten für barrierefreies Bauen von Schulgebäuden einer konkreten Schülerin oder einem konkreten Schüler mit Behinderung oder „der Inklusion" zuzurechnen, „ist im Kern diskriminierend und widerspricht den in Artikel 8 (Bewusstseinsbildung) geforderten Maßnahmen, ‚Klischees, Vorurteile und schädliche Praktiken gegenüber Menschen mit Behinderungen [...] zu bekämpfen' (UN 2008, 1427). Zu diesen durch die ‚Folgekostendebatte' befeuerten Klischees gehört eben auch, dass ‚diese' Kinder so viel Geld kosten und dass genau dieses Geld den ‚anderen' Kindern vorenthalten wird" (Degenhardt 2016, 140). Gleichsam inakzeptabel ist die (immer noch latent oder offen genutzte) Argumentation im Hochschulbereich, dass der konkrete Forschungs- und Lehrbereich keine Mitarbeiterinnen und Mitarbeiter mit Behinderung beschäftigt oder jemals beschäftigt hat, und dass dann im Falle des „Eintretens eines solchen Bedarfes" das Gebäude barrierefrei ertüchtigt und nachgerüstet wird. Dieser Gedankengang erzeugt bei einer möglichen Einstellung von Bewerberinnen und Bewerbern mit Behinderung die „gedankliche" Verbindung von Extrakosten.

Ein Standard für ein inklusives Schulgebäude?

Eine Ursache für die schleppende Umsetzung umfassend barrierefreier Schulgebäude in Neubau und Sanierung ist laut KfW-Befragung der Kommunen das Fehlen von Standards. Das ist zunächst etwas unerwartet, denn der Schulbau ist ein innovativer, lebendiger, gut vernetzter und interdisziplinärer Schmelztiegel von wissenschaftlichen Zugängen unter anderem aus der Architektur, dem Städtebau, der Stadtsoziologie, dem Bauingenieurwesen, der Erziehungswissenschaft und einer breiten Palette aus bauplanenden, -ausführenden und -überwachenden sowie den Bestand bewirtschaftenden Institutionen und Unternehmen. Eine Vielzahl von Messen (vgl. Link 2), Kongressen (vgl. Link 3) und Foren (vgl. Link 4) sowie eine wachsende Zahl von Forschungsprojekten (DFG-Projekt: Million et al. 2017; DBU-Projekt: Auer & Nagler 2017; BMBF-Projekt: Kricke et al. 2018) und Publikationen (vgl. u. a. Altenmüller (2007), Opp & Brosch 2010; Kahlert et al. 2013; Schönig & Schmidtlein-Mauderer 2013; Meuser 2014; Walden & Borrelbach 2014, Chiles 2015) wenden sich dem Themenbereich des Schulbaus zu.

Einen intensiv erziehungswissenschaftlich ausgerichteten Zugang mit großer Reichweite im Schulbau liefern die Projekte zur Pädagogischen Architektur der Montag Stiftung Jugend und Gesellschaft im Verbund mit ihren Partnern (vgl. unter anderem MSJG 2017, MSJG & MSUR 2012, MSJG et al. 2017). Zehn Thesen umschreiben die zentralen pädagogischen Fragestellungen eines Bauvorhabens (MSJG 2017, 245–255). Die These 5 „Förderung in einer inklusiven Schule geschieht in heterogenen Gruppen" wird an mehreren Stellen aufgegriffen und illustriert (vgl. unter anderem MSJG 2017, 51–53, 108–110, 250, 302–307). Der Aussage „Barrierefreiheit ist ein zwingend notwendiges, aber nicht hinreichendes Kriterium für Inklusion" (MSJG 2017, 52) ist nur zuzustimmen. Als Begründung, sich fortan der Barrierefreiheit nicht mehr zuzuwenden, kann diese Aussage aber nicht dienen. Die Entscheidung der Pädagogischen Architektur verkennt die Realität, in der „Elementare Barrierefreiheit" im Schulbau kaum betrachtet und/oder umgesetzt wird. Die Anlage „Anforderungen der Inklusion im Hinblick auf Funktionsbereiche" in den „Leitlinien für leistungsfähige Schulbauten in Deutschland" verliert in der aktuellen Auflage (vgl. MSJG et al. 2017, 73) den 2013 noch aufgeführten Punkt der Barrierefreiheit vollständig. In Reaktion – auch auf diesen Einwand – stellt der VBE Bundesvorstand am 15.11.2018 jedoch klar: „Der VBE Bundesverband setzt sich dafür ein, dass der Barrierefreiheit in Schulen ein hoher Stellenwert zukommt. Bei der Sanierung und insbesondere beim Schulneubau müssen geeignete Maßnahmen, um Barrierefreiheit zu erreichen, umgesetzt werden. Um dies zu erreichen, muss in den Schulbaurichtlinien die Umsetzungspflicht für die Barrierefreiheit den gleichen Stellenwert wie der Brandschutz erhalten.

Der VBE Bundesverband soll sich für die Durchsetzung dieser Forderung mit Unterstützung wissenschaftlicher Expertise einsetzen. Hierfür sollen entsprechende Kooperationen angestrebt werden.

Barrierefreiheit von Schulbauten ist ein Kernelement für die gemeinsame Beschulung von Kindern und Jugendlichen mit und ohne Beeinträchtigungen. Zudem unterstützt die Barrierefreiheit einer Schule die Öffnung für das Quartier, um innovative Konzepte der Quartierseinbindung umzusetzen.

Schulbauten werden jahrzehntelang genutzt. Wird bei dem Neubau Barrierefreiheit nicht umgesetzt,

- manifestiert das für **Schüler**generationen, dass an dieser Schule Kinder mit Einschränkungen ggf. nicht angemessen inkludiert werden können.
- können **Eltern**, die entsprechende Einschränkungen haben, ggf. nicht an Sprechstunden oder Konferenzen teilnehmen.
- ist dies ggf. auch Kriterium bei der Einstellung von *Lehrkräften* mit Einschränkungen, die auf die entsprechende Unterstützung angewiesen wären.
- wird die Öffnung in das **Quartier** erschwert" (VBE 2018).

Darüber hinaus könnte man im Konzept der Pädagogischen Architektur der Montag Stiftungen den Eindruck gewinnen, dass die Idee des Universal Design die Existenz individueller Hilfen überflüssig machen soll: „Schüler/innen mit besonderem Förderbedarf [benötigen] keine grundlegend anderen räumlichen

Bedingungen als andere Schüler/innen auch. ‚Exklusive Inklusionsräume' gibt es – jenseits von speziellen Therapieräumen – im Grunde nicht. Für eine ‚gelingende Inklusion' gelten die gleichen Kriterien wie für eine ‚gute Schule'" (MSJG 2017, 108). Als spezifischen Raumbedarf werden Therapieräume, spezifische Sanitäranlagen, Pflegeräume, Räume für die medizinische Versorgung und technische Unterstützung genannt (vgl. MSJG 2017, 109). Die im Montag-Stiftungs-Ansatz verwendete Grundidee inklusiver Schule erscheint gleichzeitig auf ein Modell „eingeengt" (inklusive Schule wird als zeit- und ortsgleiche Beschulung aller Kinder aufgefasst) und konzeptionell „ausgeweitet" (inklusive Schule wird im Sinne des „weiten Inklusionsbegriffes" sofort auf „alle diskriminierten Menschen" (MSJG 2017, 304) bezogen) und kann daher zum Thema einer barrierefreien Schule kaum Spuren hinterlassen. Die Kritik am Ansatz der Pädagogischen Architektur der Montag Stiftungen lässt sich in folgende drei Punkte fassen:

Kritikpunkt 1: Es gibt kein monolithisches Modell einer inklusiven Schule!
Die Idee, eine inklusive Schule komme ohne äußere, räumliche, infrastrukturelle und spezifische Differenzierung aus, und der dabei mitschwingende Vorwurf, alle derartigen Vorkehrungen wären exkludierend und damit „Verrat an der inklusiven Idee", sind weder belegt noch belegbar. Vielmehr zeigen internationale und zunehmend auch nationale Modelle inklusiver Schule, dass den Bedürfnissen von Kindern z. B. mit komplexen Behinderungen, Autismus Spektrum Störungen (ASS) oder manifesten psychischen Behinderungen auch im Kontext einer inklusiven Schule in räumlich separaten Bereichen entsprochen werden kann und muss. Die international als Special Day Classes und national als Sonderklassen oder -abteilungen bezeichneten Modelle sind dabei mehr als Rückzugs- oder Therapieräume. Übertragen auf den Schulbau wäre also z. B. ein spezifisches Cluster wie im Lernhauskonzept (Seydel 2014, Landeshauptstadt München 2016) denkbar: ein eigenständiges Cluster mit mehreren Klassen- und Gruppenräumen, Räumen für den Ganztag, einem Multifunktions- und Medienbereich, einem Teamraum und Pausenflächen in einem Verbund einer inklusiven Regelschule, aber mit einer eigenen Clusterstruktur und -charakteristik. Kinder, die dieses Cluster nutzen, gehen – z. B. in Abhängigkeit von ihrer momentanen individuellen Verfasstheit und den aktuellen curricularen und didaktischen Rahmenbedingungen – für

eine, zwei oder mehr Unterrichtsstunde(n) am Tag in den Regelunterricht in ein anderes Cluster, haben aber ihre „zweite" pädagogische Peergruppe in ihrem Special-Day-Cluster.

Ein zweiter, für eine inklusive Schule unabdingbarer spezifischer Raumbedarf wird durch die Arbeiten der Montag Stiftungen vollkommen ausgeblendet: Eine inklusive Schule braucht zum Vorhalten der spezifischen sonderpädagogischen Expertise Ressource Rooms sowie regionale und überregionale Förderzentren.

Regionale Förderzentren erfordern räumlich und organisatorisch eigenständige, hoch flexible Raumkonzepte, da dort Bildung, Erziehung, Rehabilitation, Diagnostik, Pflege und Erholung für eine spezifische Gruppe von Kindern und Jugendlichen sowie Beratung und Kooperation eng miteinander verzahnt werden müssen. Die Angebote müssen in Bezug auf den möglichen Inhalt, die Gruppenzusammensetzung, die Zeitspanne und die Wirkungsräume der Professionellen variabel sein. Diese Flexibilität muss auch das Raumkonzept abbilden. Überregionale Förderzentren mit Medienzentren („Schulen ohne Schüler", wie z. B. das Landesförderzentrum Sehen, Schleswig mit überregionalem Einzugsgebiet) sind keine Orte des Unterrichtens; Musterraumprogramme für Schulbauten können hier nicht passgenau sein. Hier offenbart sich weiterer Bedarf an interdisziplinärer und international vernetzter Forschung.

Kritikpunkt 2: Die Phase Null ist in Bezug auf die bauliche Barrierefreiheit problembehaftet!
Eine Anregung der Pädagogischen Architektur, die breit und intensiv in den aktuellen Prozessen des Schulbaus umgesetzt wird, ist die der Phase Null. „Ziel der Phase Null ist es, an der Schnittstelle von Pädagogik und Architektur ein tragfähiges inhaltliches und räumliches Konzept zu entwickeln" (MSJG 2017, 201). Zentral ist die Einbeziehung der gesamten „Schulgemeinschaft – bestehend aus Schüler/innen, Lehrer/innen, Schulpersonal und Eltern – [...] in die Bedarfserhebung und Zieldefinition" (MSJG 2017, 204). Diese Einbindungskultur läuft aber Gefahr, die Radikalität des Umbruchs innerhalb der inklusiven Schulentwicklung zu unterschätzen und weist Nutzerinnen und Nutzern (noch mehrheitlich) exkludierender Systeme die Rolle zu, Expertise aus den Bereichen inklusiver Pädagogik und barrierefreien Bauens in den Schulbauprozess einzuspielen. Dabei

sind zwei Szenarien besonders problematisch. Das erste betrifft die Tatsache, dass die Kenntnis der Normen und Standards zum barrierefreien Bauen einschließlich der damit verfolgten Schutzziele weder bei den allgemeinpädagogischen, noch bei den sonderpädagogischen Professionellen vorhanden ist. Auch das Wissen zu diesem Thema innerhalb der spezifischen sonderpädagogischen Förderschwerpunkte (Sehen, Hören, körperlich-motorische und geistige Entwicklung) ist eher bei Spezialistinnen und Spezialisten denn in der Breite vorhanden. Die Studie von Bernier legt darüber hinaus nahe, dass auch die beteiligten Akteure in der Wertschöpfungskette Bau noch Entwicklungspotenzial in Bezug auf das Thema Barrierefreiheit aufweisen. Die von ihr vorgenommene Analyse von öffentlichen Gebäuden ergab, dass „die Anforderungen an die Barrierefreiheit [...] für die Erfordernisse der Gruppe der motorisch eingeschränkten Menschen, wie Rollstuhlfahrer und Gehbehinderte, zwar nirgends vollständig, aber zu großen Teilen erfüllt wurden. Die Erfordernisse der blinden und sehbehinderten sowie der gehörlosen und hörgeschädigten Menschen wurden weniger gut erfüllt" (Bernier 2014, 56). Mit einer hohen Wahrscheinlichkeit haben die derzeit an der Phase Null beteiligten Partner einen mehr oder minder großen Weiterbildungsbedarf zur baulichen Barrierefreiheit. Die in der Konzeption der Phase Null angelegte Einbindung von externer Expertise und Begleitung ist also unabdingbar für einen umfassend barrierefreien Schulbau. Bernier fordert als zentrales Ergebnis ihrer Studie die Einbindung der Experten in eigener Sache (2014, 92–109): von Einzelpersonen über Beiräte, Beauftragte, Arbeitsgemeinschaften und Ausschüsse bis hin zu nationalen und internationalen Verbänden. Dies scheint umso angezeigter, je mehr Schulen Teil von sozialräumlichen Bildungslandschaften innerhalb der Gemeinde werden (vgl. dazu u. a. Böhme 2009, Schröteler-von Brandt et al. 2012, Schroeder 2016, Million et al. 2017, Kessl 2019, Egger 2020).

Eine zweite Gefahr, die dazu führen könnte, dass innerhalb der Phase Null die Anforderungen einer umfänglichen Barrierefreiheit nicht erfüllt werden, ist die Praxis in einigen Regionen, wonach innerhalb des Rahmens der zugewiesenen Pauschalsätze „Verhandlungen" möglich sind. Die Schulgemeinschaft plant z. B. kleinere Gruppenräume für den Ganztag und kann damit flächenmäßig größere Fachunterrichtsräume realisieren. Oder eben auch: Die Schulgemeinschaft „tauscht" die Stufenvorderkantenmarkierung gegen eine technisch hochwertigere

Bühne in der Aula. Bei dieser Praxis regt sich kaum Widerstand – anders wäre es wohl, wenn die Feuerlöscher gegen einen Probenraum getauscht werden sollten. Barrierefreiheit ist nicht verhandelbar! Darüber hinaus ist es in vielen Schulverwaltungsbezirken en vogue, eigenwillige Anreizsysteme im Betrieb der Immobilie zu schaffen: Wenn eine Schule z. B. bei der Beleuchtung Strom spart (und dabei den Aspekt Barrierefreiheit einer künstlichen Beleuchtung billigend negiert), kann der Gegenwert der Einsparung die zu knappen Haushaltsmittel einer Schule aufbessern. Die Idee der inklusiven Schule muss sich also auch noch bei den bewirtschaftenden Institutionen durchsetzen.

Kritikpunkt 3: Die Kriterien der baulichen Barrierefreiheit sind nicht statisch – sie sind dynamisch!

Das Konzept der Pädagogischen Architektur geht davon aus, dass Barrierefreiheit eine „harte Frage" ist, die „sich an ganz konkreten Anforderungen festmachen lässt" (MSJG 2017, 52). Das erzeugt den Eindruck, dass bauliche Barrierefreiheit über ein starres und festes System verfügt, das man lediglich abarbeiten muss. Die real existierenden „symptomatischen Defizite" in der Barrierefreiheit von öffentlichen Gebäuden führt Bernier auch darauf zurück, dass das Bauen an die Kategorie „anerkannte Regeln der Technik" gebunden ist (2014, 83–88). „Anerkannte Regeln der Technik" ist ein schwieriger und unscharfer Rechtsbegriff mit hoher Relevanz im Baurecht. „Anerkannte Regeln der Technik sind [...] bautechnische Regeln, die in der technischen Wissenschaft als theoretisch richtig erkannt sind und feststehen und in dem für ihre Anwendung maßgeblichen, nach dem neuesten Erkenntnisstand vorgebildeten Kreis der Techniker durchweg bekannt und auf Grund fortdauernder praktischer Erfahrungen als technisch geeignet, angemessen und notwendig anerkannt sind" (Heiermann et al. 2013, 862). Allgemeine technische Vorschriften hingegen sind Normen (unter anderem DIN 18040-1/2/3, ISO 21542:2011, ÖNORM B 1600/1602), Richtlinien und Empfehlungen von Fachverbänden, Fachgesellschaften (vgl. Schierz 2013), Versicherungen (z. B. DGUV, vgl. Link 5) oder Technische Richtlinien z. B. der Deutschen Bahn. Anerkannte Regeln der Technik können „unter" den technischen Vorschriften bleiben, können diese aber auch übertreffen. Schwierig wird es, wenn die rechtlich verbindliche „Liste der Technischen Baubestimmungen" der Länder nur Teile dieser Normen und Empfehlungen aufnehmen, denn dann ist es in enger Rechtsauslegung möglich, nicht voll umfänglich barrierefrei zu bauen, wie in der Studie von Bernier 2014 nachgewiesen. So reduziert z. B. die „Liste der Technischen Baubestimmungen" des Landes Hamburg (Stand 2015, Anlage 7.3/1, Link 4) die Anwendung der Kapitel 4.4 Warnen/Orientieren/Informieren/Leiten und 4.7 Alarmierung und Evakuierung der DIN 18040-1 auf eine „Kann"-Bestimmung im Einzelfall. Diese Einschränkungen stellen ein Potenzial für eine Verletzung der UN-BRK dar und kommen dem Vorenthalten angemessener Vorkehrungen nahe und haben somit ein hohes Diskriminierungspotenzial. Bildungsbau muss im Sinne der Umsetzung der UN-BRK, Artikel 24 auf eine Änderung dieser Einschränkungen bestehen oder, geleitet von der Idee einer inklusiven Entwicklung, jeden Neubau oder jedes große Sanierungsprojekt im Bildungsbereich zu einem solchen Einzelfall erklären.

Aktuelle Schwachstellen in der Barrierefreiheit im Bildungsbau – Beispiele

In Ergänzung zu den von Bernier (2014) systematisch protokollierten Mängeln in der Barrierefreiheit öffentlicher Gebäude sollen folgend einige Beispiele aus der Sichtung von Bildungsbauten in nationalen und internationalen Systemen dargestellt werden:

An bundesdeutschen Universitäten (z. B. Rostock, Marburg, Hamburg) beginnt die Ausstattung der sanierten und neu gebauten Gebäude mit einer *zugänglichen Beschilderung*: Raumnummer und -funktion werden in Braille und Pyramidenschrift und in ausreichender Schriftgröße und entsprechendem Kontrast angeboten (vgl. DIN 18040-1; Abschnitt 4.4.4; 2010, 20). Eine derartige Ausstattung scheint im deutschen Schulbau nicht einmal angedacht.

Die Markierung der Stufenkanten bei Treppen und Einzelstufen ist in der DIN 18040-1 in Abschnitt 4.3.6.4 geregelt: Auf Trittstufen ist an der Vorderkante ein Streifen in der Breite von 4–5 cm, an der Setzstufe ist die Oberkante mit einem Streifen von ca. 1–2 cm zu markieren. Die Markierung muss einen (Helligkeits-) Kontrast von 0,4 erreichen. Unzureichend ist die Markierung ausschließlich über einen Farbkontrast (z. B. gelber Streifen auf grauen Stufen). Bei Einzelstufen und bis zu drei Stufen ist die Markierung immer vorzunehmen, darüber hinausgehend sind „vorzugsweise alle Stufen" (vgl. DIN 18040-1 2010, 15) zu markieren. Regelkonforme Stufenvorderkantenmarkierungen sind im deutschen Schul- und Hochschulbau sowohl im Innen- als auch im Außenraum kaum bis gar nicht anzutreffen.

Das Unterlaufen von Treppen ist durch geeignete bauliche Maßnahmen zu unterbinden. Die nutzbare Höhe über Verkehrsflächen von 220 cm darf nicht unterschritten werden (DIN 18040-1 2010, 8). Demgegenüber sind auch in erst kürzlich eröffneten Schulneubauten unterlaufbare, freitragende Treppen – scheinbar als „Mittel der visuellen Leichtigkeit der Architektur" – verbaut.

„Ganzglastüren und großflächig verglaste Türen müssen sicher erkennbar sein durch Sicherheitsmarkierungen, die [...] jeweils helle und dunkle Anteile (Wechselkontrast) enthalten [...] [und] in einer Höhe von 40 cm bis 70 cm und von 120 cm bis 160 cm über OFF (Oberfläche Fertigfußboden) angeordnet werden" (DIN 18040-1 2010, 13). Eine solche Regel scheint der modernen visuell transparenten Schul- und Hochschulbauarchitektur mit großen Glasflächen und Glastüren zu widersprechen, denn in vielen aktuellen Gebäuden fällt es auch vollsichtigen Nutzerinnen und Nutzern schwer, Zimmer und Flure als abgeschlossene Räume zu erkennen; diese Wahrnehmung der „Begrenzung eines Raumes" ist jedoch für einige Menschen die Voraussetzung für einen angst- und belastungsfreien Aufenthalt.

Aber auch der Bereich der Zugänglichkeit für Nutzerinnen und Nutzer eines Rollstuhls ist im aktuellen Schulbau zum Teil unzureichend durchdacht und dadurch nicht zielführend. So kann die perfekt zugängliche Aufzugsanlage (für sich betrachtet) in einem erst kürzlich eröffneten Schulneubau als Lehrstück oder „best practice" bezeichnet werden. Dennoch ist eine selbstständige und selbstbestimmte Nutzung der Schule für Menschen mit Beeinträchtigung der Motorik nicht möglich. Die von dem normgerechten erschlossenen Treppenabsatz abgehenden Flure und damit auch die Klassenräume sind nicht erreichbar, denn sie sind durch schwergängige Feuer-/Rauchschutztüren getrennt – aus Kostengründen wurde hier auf eine barrierefreie Ausführung verzichtet! Ein klassisches Beispiel für „Barrierearmut": ein möglichst für ein breites Publikum erkennbares

Detail wird zugänglich realisiert, aber die Nutzung für Menschen mit Beeinträchtigung ist weiterhin eingeschränkt und barrierebehaftet.

Gibt es eine spezifische Barrierefreiheit für Bildungsbauten?!

Es ist im Sinne der bisher vorgestellten Argumentation, dass die für öffentliche Gebäude formulierten, allgemein anerkannten Regeln der Technik auch im Bau und der Sanierung von Bildungsbauten voll umfänglich Anwendung finden müssen. Bleibt die Frage, ob sich aus dem Charakter eines Gebäudes, ein Ort für Bildung zu sein, spezifische oder spezifizierte Kriterien für eine Barrierefreiheit ableiten lassen.

Beachtenswert ist in diesem Zusammenhang, dass das Österreichische Normungsinstitut eine eigenständige ÖNORM B 1602 „Barrierefreie Bildungseinrichtungen – Planungsgrundlagen" veröffentlicht hat, die die ÖNORM B 1600 „Barrierefreies Bauen" ergänzt und spezifiziert. Betrachtet man die aktuellen Schulneubauten in der inklusiven Modellregion Tirol, fallen (positive) Unterschiede zur bundesdeutschen Situation unter anderem in der Markierung von Glasflächen und in der Anbindung des internen taktilen Leitsystems an das öffentliche Leitsystem (vgl. ÖNORM B1602 2013, 8) auf.

Der Ansatz einer spezifischen baulichen Barrierefreiheit in öffentlichen Bildungsbauten sollte interdisziplinär diskutiert werden; mögliche Beispiele sind: Bewegungsflächen, der Fußbodenbelag, die Schließfächer und vor allem der Bereich Licht und Beleuchtung.

Bewegungsflächen

Die DIN 18040-1 sieht Bewegungsflächen ohne Richtungsänderung (120 cm) und Flächenmaße für die Begegnung von Menschen im Rollstuhl mit Läufern (150 cm) vor. Erst ab einer Breite von 180 cm sind aber Begegnungen zweier Nutzerinnen oder Nutzer eines Rollstuhls realisierbar. Der Charakter von Bildungsbauten, insbesondere die Nutzung der meisten Bewegungsflächen auf Verkehrswegen (außen) und Fluren (innen) zu Spitzenzeiten (z. B. Gebäude- und Raumwechsel

zu Beginn und Ende von Veranstaltungen) schließen die in der DIN 18040-1 aufgeführten Ausnahmen und Einschränkungen aus. Mit Blick auf den zunehmenden
Einsatz von Elektrorollstühlen und Scootern sind auch zunehmende Raumbedarfe für das Wenden (180° und 360°; vgl. dazu u. a. Rau 2011, 72-73) zu berück-
sichtigen. Die „klassischen" Bewegungsflächen vor Eingängen, Arbeitsplätzen etc.
von 150 cm x 150 cm können sich dann im Einzelfall als zu klein dimensioniert
darstellen; der Ansatz eines Flächenbedarfs von 200 cm x 200 cm schafft hier ein
zukunftssicheres Reservepolster.

Fußbodenbelag

Bei der Wahl des Fußbodenbelags dominiert im Sinne des Nachhaltigen Bauens
das Ziel der Reinigungs- und Instandhaltungsfreundlichkeit und konsequenter-
weise wird häufig ein Bodenbelag mit Granulatdesign gewählt. Ist dieses Design
jedoch hoch kontrastreich, kann es dazu kommen, dass es Lernende gibt, die eher
„Steinchen zählen" oder aufheben wollen, als dem Bildungsangebot folgen zu können. Einrichtungen der Psychiatrie und der Demenzpflege verweisen auf ähnliche
„ablenkende" Erfahrungen und daher wird in diesen Bereichen von dem Einsatz
von Bodenbelägen mit Granulatdesign Abstand genommen. Weiterhin sollte bei
der Gestaltung der Böden darauf geachtet werden, dass keine großflächigen und/
oder hoch kontrastreiche Muster eingesetzt werden. Dietz beschreibt eindrücklich
aus den Handlungsfeldern Krankenhaus und Alten- und Pflegeheim eine Vielzahl
von Settings, in denen „Muster mit hohem Kontrast zu Gangunsicherheiten" (2018,
164) und Bodenbeläge mit feinem Streifenmuster zu vermehrtem Schwindel bei
Nutzerinnen und Nutzern führten (vgl. Dietz 2018, 122). Starke Differenzen in
der Helligkeit der Böden, z. B. in dem Szenario eines hellen Belags auf dem Flur
und eines wesentlich dunkleren Belags im Zimmer (vgl. Dietz 2018, 79) oder als
Schmutzfangmatte (vgl. Dietz 2018, 81) kann als Tiefe oder „Loch" fehlinterpretiert
werden und kann Verhaltensweisen, wie z. B. „Stolpern, Ausweichen, Richtungswechsel, Greifen nach dem Handlauf, zur Seite gehen, verlangsamter unsicherer
Gang, Pausieren, Anhalten" (Dietz 2018, 79) nach sich ziehen.

   Viel Farbe erzeugt nicht per se eine lernförderliche Umgebung. Im Gegenteil,
es erschwert die Unterscheidung bzw. das Erkennen ggf. relevanter Flächen (z. B.
von Türen) und die Orientierung im Raum.

Weiterhin gilt es, Muster zu vermeiden, die als visuelle Leitlinien missverstanden werden können.

Spinde und Schließfächer

Die Anbieter von Spinden und Schließfächern (z. B. Schulschließfächer, Bibliotheken, Umkleide) verweisen als Qualitätsbeleg ihrer Produkte auf das Einhalten der Vorgaben des Brandschutzes. Die Schließsysteme (z. B. Tastenschloss, mechanisches Code-Schloss, Vorhänge- oder Zylinderschloss) und Griffe sind jedoch oftmals nicht oder eingeschränkt nutzbar für Nutzerinnen und Nutzer mit Beeinträchtigung des Sehens und mit motorischen Beeinträchtigungen. Auch die Farbgestaltung folgt eher der Idee einer „wilden Buntheit" oder sie verzichtet fast vollkommen auf Kontraste.

Licht und Beleuchtung

Im Einklang mit seinem Konzept der Elementarbildung war für Johann Heinrich Pestalozzi (1746–1827), dem Aufklärer und Wegbereiter der Anschauungs- und Reformpädagogik, auch die Betrachtung der Schule als Gebäude wichtig. Der Raum Schule war der Ort, an dem seine Konzepte zum Tragen kommen konnten. Seinem Ideal der Wohnstube sollte auch die Schule gleichen (vgl. Günther et al. 1968, 168–169). Dort konnten Schulunterricht, Erziehung, Handarbeit, Produktion und Natur aufeinandertreffen. Schulen als Gebäude waren bis dahin Gotteshäuser, ein Teil davon oder der Architektur nahestehende Gebäude – zumal die Vermittlung frontal und hierarchisch ausgerichtet war. Der knappe Raum von Bildungsräumen wurde durch die Reformpädagogik (auch durch Türen und Fenster) zum Außenraum geöffnet und das Tageslicht durch die bewusst gewählte Ausrichtung der Gebäude genutzt. Einen bis heute nachwirkenden „Rückschlag" nahm der Bildungsbau durch die durch die Industrialisierung geprägte explosionsartige Stadtentwicklung. Bodenpreise reduzierten die verfügbaren Grundflächen und die Wahl des Standortes war durch externe Infrastrukturentscheidungen (Hauptstraße oder Grundstück am Stadtrand) geprägt. Hinzu kam fehlendes Interesse der Kommunen an Standards für einen Raum für Pädagogik, für Hygiene und für die Erhaltung von Gesundheit (vgl. Roth 1950, 9-11). „Vor allem in den Städten wurden mehrgeschossige Schulen errichtet, die mit monumentaler und aufwändiger Fassade den Obrigkeitsstaat repräsentierten, im Inneren aber nicht viel mehr zu bieten hatten, als lange, dunkle Korridore mit beidseitig angeordneten Klassenzimmern, vergleichbar mit einer Kaserne" (Müller 2014, 34). „Die ganze Trostlosigkeit der Wohnkasernen mit ihren sonnenarmen Hinterhöfen haftet auch den Schulbauten an" (Roth 1950, 11).

Alfred Roth war es auch, der in Europa nach dem Ende des 2. Weltkriegs natürliches und künstliches Licht als relevantes Thema im Schulbau hervorhob. „Die richtige Belichtung der Unterrichtsräume gehört zu den wichtigsten Problemen des Schulhausbaus. Während die amerikanischen und englischen Schulbaufachleute die große physiologische und psychologische Bedeutung dieser Frage für Schüler und Unterricht erkannt haben, wird ihr in den anderen Ländern bedauerlicherweise noch immer recht geringe Beachtung geschenkt" (Roth 1950, 55).

Tragischerweise gilt diese Ignoranz gegenüber einer zeitgemäßen und bildungsförderlichen Beleuchtung von Bildungsbauten auch für den heutigen Bildungsbau; getragen wird dies durch das Nichtbearbeiten dieser Frage durch die europäische Normgebungsindustrie, den DIN-Normenausschuss Lichttechnik (FNL), die Deutsche Lichttechnische Gesellschaft (LiTG), die Deutsche Gesetzliche Unfallversicherung (DGUV), die Kommission Arbeitsschutz und Normung (KAN), die Bundesanstalt für Arbeitsschutz und Arbeitsmedizin und viele andere mehr.

Bekräftigt wird diese – zugegebenermaßen harsche – These durch einen Blick auf nur einen der relevanten Parameter für eine gute, bildungsförderliche Beleuchtung: die Beleuchtungsstärke.

Roth gibt 1950 als amerikanische Auffassung eine Minimalforderung von 300 lx für Unterrichtsräume an (vgl. 1950, 57). Sachsenweger verweist auf die Empfehlung der Lichttechnischen Gesellschaft, die 120 lx – 250 lx fordert (vgl. 1963, 80). Beermann bestätigt 1966 die Abweichungen zwischen den USA und Europa: Während die USA eine Beleuchtungsstärke für Klassenräume von 300 lx fordern, liegen die Werte in Schweden bei 150 lx, in Belgien bei 200 lx und nach damalig geltender DIN 5035 zwischen 120 lx und 250 lx in bundesdeutschen Schulen.

Positiv hervorgehoben wird durch Beermann das Land Hamburg mit realisierten 250 lx in Schulneubauten. Für die DDR-Schulbauten gilt: „Die Mindestbeleuchtungsstärke für die Allgemeinbeleuchtung muß in jedem Unterrichtsraum bzw. auf jedem Schülerarbeitsplatz zu jeder Unterrichtszeit 300 Lux betragen" (Ministerium für Volksbildung der Deutschen Demokratischen Republik 1979, 33). Siebzig Jahre (!) nach der Empfehlung von Roth gibt die gültige „DIN EN 12464-1:2011 (D): Licht und Beleuchtung: Beleuchtung von Arbeitsstätten, Teil 1: Arbeitsstätten in Innenräumen" für Unterrichtsräume in Grund- und weiterführenden Schulen eine Beleuchtungsstärke von 300 lx vor. Siebzig Jahre und kein Ende des Kasernen-Hinterhof-Beleuchtungsstandards. Als ob es in siebzig Jahren keine Forschung in Erziehungswissenschaft, Wahrnehmungspsychologie, Ergonomie und Beleuchtungstechnik gegeben hätte! Seltsamerweise fordert die gleiche DIN für Unterrichtsräume für Abendklassen und Erwachsenenbildung 500 lx; scheinbar ist es den Verantwortlichen entgangen, dass der Unterrichtsbeginn von Grundschulen und weiterführenden Schulen über lange Zeit auch in der (Morgen-)Dunkelheit stattfindet. Und noch unverständlicher wird das Beharren des DIN-Normenausschusses Lichttechnik auf den Mindestwert 300 lx, wenn man bedenkt, dass zumindest in der Bundesrepublik Deutschland durch die Vorgabe der ASR A3.4 für „Büros und büroähnliche Arbeitsbereiche" (vgl. BAuA 2014, 15) der Arbeitsplatz der Lehrerinnen und Lehrer (im Klassenraum) mindestens mit 500 lx zu beleuchten ist. Dieser Situation folgend „eiert" die DGUV auf ihrer sonst so gelungenen Internetpräsentation „Sichere Schule" (Link 6) um eine klare Aussage herum und fordert 300 lx, aber eigentlich bei Neubau und Renovierung 500 lx.

Auf Nachfrage ist eine Änderung des „Grundschulansatzes" in der aktuell laufenden Revision der DIN EN 12464-1 zwar von einigen Beteiligten angefragt; eine Änderung ist jedoch nicht sicher. Für weiterführende Schulen ist ein Korridor der Empfehlung zwischen 500 lx – 1000 lx (steuerbar) in der Diskussion. Inklusion ist jedoch – im Unterschied zur „DIN 18041 Hörsamkeit in Räumen – Anforderungen, Empfehlungen und Hinweise für die Planung", die die Kategorien „Sprache/Vortrag inklusiv" und „Unterricht/Kommunikation inklusiv" eingeführt haben – kein Thema.

Mit Ratifizierung der UN-Behindertenrechtskonvention sollte jedoch die Logik gelten: Wenn es Erfahrungen und anerkannte Regeln der Technik für die Beleuchtung von Unterrichtsräumen für Lernende mit Beeinträchtigung des Sehens gibt, dann müssen diese (sollten sie – wie zu erwarten – höhere Anforderungen stellen) als Mindeststandard für alle Unterrichtsräume/inklusiv und damit für alle Bildungsbauten in der Bundesrepublik Deutschland gelten. Anderenfalls werden angemessene Vorkehrungen für eine barrierefreie Lernumgebung und damit die chancengleiche und diskriminierungsfreie Teilhabe an Bildung für Lernende mit Beeinträchtigung des Sehens versagt. Gleichsam werden im Sinne des Universal Designs die Lernbedingungen für alle Lernenden unverhältnismäßig erschwert.

Welche Beleuchtungsstärken werden für Lernende mit Beeinträchtigung des Sehens als barrierefrei und lernförderlich angesetzt? Erfahrungen können aus der Gestaltung von stationären Sonderschulen im Schwerpunkt Sehen (Blinden- und Sehbehindertenschulen) gesammelt werden. „Förderschulen haben Vorbildfunktion für die anspruchsvolle Gestaltung von Regelschulen. Die **komplexen individuellen Anforderungen** an Förderschulen sind keine Hindernisse, sondern Katalysatoren für kreative Ideen im Gestaltungsprozess" (Chiles 2015, 191).

Bereits Sachsenweger (1963, 76–80) diskutiert die Beleuchtung für Sehschwachenschulen ausführlich und kommt zu dem Ergebnis, die gültige Zielgröße für die allgemeine Schule (120 lx – 250 lx) auf den Korridor 250 lx – 600 lx anzuheben. Gleichsam warnt er aber auch davor, die Schülerinnen und Schüler „mit einem Lichtmilieu zu verwöhnen, daß sie später im Leben nur entbehren würden" (1963, 80). Die Idee, dass sich die Beleuchtungsstärken in öffentlichen Gebäuden den Bedarfen entsprechend auch positiv entwickeln, war also bereits in den 1960er Jahren schwer zu Ende zu denken. Umfangreich argumentiert Beermann (vgl. 1966, 88-95), dass die „generellen" Empfehlungen von Sachsenweger bis zu 800 lx am Arbeitsplatz sehbehinderter Menschen den unterschiedlichen Beeinträchtigungen des Sehens nicht gerecht werden. Er insistiert daher stark auf die Schaltbarkeit der Allgemeinbeleuchtung und gibt dafür einen Zielkorridor für Klassenräume an Sehbehindertenschulen von 500 lx – 750 lx an. Loeschke und Pourat tragen 1994 unterschiedliche Empfehlungen für Klassenräume in

Sehbehindertenschulen zusammen: 750 lx – 1000 lx; 1000 lx und 1200 lx und kombinieren diese Zielwerte mit der Forderung nach matten Oberflächen im Raum und „augenberuhigenden Wandfarben" (1994, 131). Buser folgt 2003 der Argumentation der DIN EN 12464-1, wonach die Beleuchtungsstärken bei Alter, schwieriger Sehaufgabe oder Sehbehinderung angehoben werden können, und fordert bei hochgradigen Sehbehinderungen den Faktor 3: Damit werden aus den 300 lx (über die Stufen 500 lx und 750 lx) die dann durch ihn geforderten 1000 lx für Klassenzimmer an Sehbehindertenschulen (vgl. Buser 2003, 25-26). Der Wartungswert für die Beleuchtungsstärke von 1000 lx ist Bestandteil der Liste zur sehgeschädigtengerechten Raumgestaltung, die auf dem sechsten Symposium „Licht und Gesundheit" 2008 an der TU Berlin vorgestellt und diskutiert wurde (vgl. Degenhardt & Hilgers 2008, 78-80). Degenhardt (vgl. 2016, 153) nennt im Kontext des Spezifischen Curriculums für Lernende mit Beeinträchtigung des Sehens den Bereich 750 lx – 1000 lx und verbindet dies mit den Bedingungen Dimmbarkeit und Blendungsbegrenzung. Henriksen & Laemers setzen für eine barrierefreie Beleuchtung den Zielwert für die Beleuchtungsstärke 1000 lx (vgl. 2016, 182). Die Lichttechnische Gesellschaft gibt in ihrem Leitfaden zur Beleuchtung von Unterrichts- und Vortragsräumen für Unterrichtsräume mit Sehbehinderten einen Wartungswert von 1000 lx an (Schierz 2013, 15). Boubekri führt – unter Verweis auf den American National Standard Guide for School Lighting – für einen Schulraum für Sehgeschädigte eine Beleuchtungsstärke von 1500 lx auf (2015, 39). Die Empfehlungen für Schulen mit dem Förderschwerpunkt Sehen des Landeswohlfahrtsverbandes Hessen halten für einen Klassenraum eine Grundbeleuchtung von 750 lx und eine Maximalbeleuchtung von 1000 lx für angemessen (LWV-Hessen 2018, 12, 20).

Im Sinne dieser umfangreichen und evidenzbasierten Erfahrungen aus Wissenschaft und Handlungsfeld ist die Spanne 800 lx bis 1000 lx – dimmbar und blendfrei – in die Anforderungen an eine Elementare Barrierefreiheit von Bildungsbauten eingegangen.

Die LiTG, die DGUV, die KAN und der DIN-Normenausschuss Lichttechnik beschäftigen sich seit Jahren intensiv mit Debatten um Human Centric Lighting. Das ist uneingeschränkt zeitgemäß und wichtig, aber es wird Zeit, sich mit

vergleichbarer Intensität und Konstanz der Frage einer förderlichen und barrierefreien Beleuchtung für Bildungsbauten und öffentliche Gebäude zu beschäftigen.
Und mit den Vorgaben für Klassen-, Seminar- und Unterrichtsräume ist es nicht
getan. Um die Adaption im leistbaren Rahmen zu belassen und ein sicheres Bewe-
gen und Orientieren in Gebäuden (auch bei Übergängen) zu ermöglichen, müssen
die Werte für die Beleuchtungsstärken für Flure, Verkehrsflächen, Eingangsbereiche und alle anderen Räume ebenfalls angehoben werden. Ein Vorschlag dazu
ist in Kapitel 1 eingearbeitet.

Ebenso überarbeitet und an die Erfordernisse angepasst werden müssen die Standards für die Blendungsbegrenzung. Über Jahre waren Leuchten mit Parabolspie-
gelraster state of the art. Der diesem Standard zugrunde liegende Denkansatz
hat eigentlich nie in Bildungsbauten getragen. Die Idee besteht darin, dass bei
sitzender und stehender Position und einem Auge-in-Auge-Kontakt bei Raster-
leuchten kein direkter Blick auf die Leuchtmittel möglich ist. Diese Setzung hat
schon immer negiert, dass in Bildungsbauten, insbesondere in Kindergärten und
Grundschulen, die Kinder oftmals durch das pädagogisch intendierte Setting
angehalten werden, nach oben, also in Richtung der Deckenleuchten zu schauen,
weil dort Bilder, Anlauttabellen, Rechenzüge o. ä. an quer durch den Raum ge-
spannten Leinen angebracht sind. Auch für Kinder, Jugendliche und Erwachsene,
die keine Kontrolle über ihre Kopfhaltung haben oder liegend positioniert werden
müssen, ist der direkte Blick in die Leuchtmittel – senkrecht an den Rastern vor-
bei – schon immer eine Erschwernis. Im Ergebnis wurde in den beschriebenen
Situationen die Deckenbeleuchtung ausgeschaltet, um Blendung zu vermeiden.
Abhilfe kann hier nur die drastische Heraufsetzung der Ziel-UGR (z. B. für Veranstaltungsräume, Klassenzimmer, Seminarräume etc.: Unified Glare Rating / UGR
= 19, besser 16/13) schaffen und darüber hinaus muss der Indirektanteil über 50 %
liegen. Die Leuchte muss das direkt abgestrahlte Licht über große Flächen abge-
ben. Die Gesamtlösung muss dennoch eine harmonische Schattigkeit realisieren.

Mit der Entdeckung und Erforschung des „dritten Rezeptors", der Ganglienzellen,
die insbesondere im Bereich 457 nm – 462 nm sensitiv sind und eine wesentliche
Rolle in der Synchronisation des circadianen Prozesses einnehmen, begannen

auch die Forschungen zu biologischem Licht neuen Schwung aufzunehmen. Mittlerweile gilt als gesichert, dass Licht mit hohem Blauanteil aktivierend wirkt, wohingegen Licht, denen dieser Blauanteil fehlt, beruhigend wirken kann. Als Kurzformel gilt jedoch: Mit „falschem Licht" zur „falschen Zeit" kann der circadiane Prozess schnell irritiert werden, wohingegen über das „richtige Licht" in „richtigen Darbietungsformen" zur „richtigen Zeit" noch gestritten wird (vgl. KAN-Positionen 2013/15/17/19; KAN-Position 2019 vgl. Link 7). „Deutliche Steigerungen in Leistung und sozialem Verhalten bei der Arbeit lassen sich aber nur durch die Verfügbarkeit von Lichtsituationen gewährleisten, die veränderbar sind und über bestimmte Merkmale verfügen. So zeigen sich Lichtsituationen mit hohen Beleuchtungsstärken (> 1000 Lux) und tageslichtweißen Farbtemperaturen (5000 – 6500 Kelvin) für Arbeitsaufgaben mit hohen Anforderungen an die Aufmerksamkeit/Konzentration vorteilhaft" (Wessolowski 2014, 35). Das betrifft insbesondere auch die Aufmerksamkeit/Konzentration von Schülerinnen und Schülern im Unterricht (vgl. Wessolowski 2014, 35). Der Vorschlag für eine barrierefreie Beleuchtung in Bildungsbauten in Kapitel 1 folgt dem und empfiehlt Human Centric Lighting (HCL) oder eine manuell regelbare Lösung (3000 K – 6500 K). Im Ausnahmefall könnte eine Beleuchtung mit der Lichtfarbe fix (vielleicht sogar echt größer) 4000 K gewählt werden. Es ist Zeit, sich auch nördlich der Alpen von der höhlenlagerfeuerinspirierten warmen Lichtfarbe zu trennen und sich – in den entsprechenden Räumen – für aktivierende Lichtfarben zu entscheiden. Für Ruhe- und Rückzugsräume könnte eine Grundbeleuchtung oder Zusatzbeleuchtung, z. B. in Form einer Direkt-Indirekt-Stehleuchte mit einer Lichtfarbe von 3000 K, gewählt werden.

Barrierefreies Bauen muss im Sinne der Umsetzung der UN-BRK konsequent und voll umfänglich, also unter Bezug auf die Breite der Bedarfe bei motorischen und sensorischen Einschränkungen, bei Autismus Spektrum Störung (ASS), psychischen Beeinträchtigungen und Beeinträchtigung in der geistigen Entwicklung, im Bildungsbau umgesetzt werden. Diese Umsetzung betrifft den Neubau und umfangreiche Sanierungsarbeiten. Barrierefreier Bildungsbau kann auch die inklusive Entwicklung der Stadtquartiere und Bildungslandschaften flankierend unterstützen. Die Pädagogische Architektur muss sich des Themas „Elementare

Barrierefreiheit" annehmen, denn eine einfache (Voraus-)Setzung von Barrierefreiheit durch die formale Umsetzung der DIN 18040-1 ist unzureichend und verkennt die Notwendigkeit, dass sich die Erziehungswissenschaft und die Nutzerinnen und Nutzer in die Aushandlung der anerkannten Regeln der Technik des barrierefreien Bauens bei Bildungsbauten „einmischen" müssen. Barrierefreiheit darf aber nicht nur Bestandteil der Phase Null sein, sie muss angesichts der Herausforderung, Barrierefreiheit zu erhalten und dynamisch an die Anforderungen anzupassen, auch beim Betrieb des Gebäudes eine zentrale Rolle spielen.

Link 1: https://www.stifterverband.org/medien/vielfalt-gestalten
Link 2: https://www.schulbau-messe.de/de/
Link 3: https://www.zukunftsraum-schule.de/kongress.php?kongress
Link 4: https://www.luewu.de/docs/anzeiger/docs/2128.pdf
Link 5: https://www.sichere-schule.de/

3. Quellen und Verweise

A

Agentur Barrierefrei NRW (Hrsg.) (2014) Barrierefreiheit in öffentlichen Gebäuden: Lösungsbeispiele für Planer und Berater unter Berücksichtigung der DIN 18040-1.

Altenmüller, Ulrike (2007) Koulu – Schule auf Finnisch: Funktions-, Raum- und Gestaltungskonzepte für neue Schulen in Finnland. Dissertation. Fakultät Architektur. Bauhaus-Universität Weimar. Weimar.

Auer, Thomas und Florian Nagler (2017) DBU Bauband 2: Zukunftsfähiger Schulbau – 12 Schulen im Vergleich. München: detail.

B

Bar, Laurel und Judith Galluzzo (1999) The Accessible School: Universal Design for Educational Settings. Berkeley: MIG Communications.

BAuA – Bundesanstalt für Arbeitsschutz und Arbeitsmedizin (Hrsg.) (2013) Funktionelle, sichere und nutzerfreundliche Treppen. Dortmund. (https://www.baua.de/DE/Angebote/Publikationen/Praxis/A21.pdf?__blob=publicationFile&v=5 (Zugriff 27.03.2020))

BAuA – Bundesanstalt für Arbeitsschutz und Arbeitsmedizin (Hrsg.) (2014) ASR A3.4 Technische Regeln für Arbeitsstätten: Beleuchtung. (https://www.baua.de/DE/Angebote/Rechtstexte-und-Technische-Regeln/Regelwerk/ASR/pdf/ASR-A3-4.pdf?__blob=publicationFile&v=2 (Zugriff 27.03.2020))

BAuA – Bundesanstalt für Arbeitsschutz und Arbeitsmedizin (Hrsg.) (2018 a) ASR V3a.2 Technische Regeln für Arbeitsstätten: Barrierefreie Gestaltung von Arbeitsstätten.

BAuA – Bundesanstalt für Arbeitsschutz und Arbeitsmedizin (Hrsg.) (2018 b) ASR A1.8 Technische Regeln für Arbeitsstätten: Verkehrswege. (https://www.baua.de/DE/Angebote/Rechtstexte-und-Technische-Regeln/Regelwerk/ASR/pdf/ASR-A1-8.pdf?__blob=publicationFile&v=7 (Zugriff 27.03.2020))

Beermann, Uwe (1966) Die optische Leistungsfähigkeit als Grundlage der Erziehung und Bildung von Kindern mit geringem Sehvermögen. Dissertation. Philosophische Fakultät. Universität Hamburg. Hamburg.

Bernier, Antje (2014) Multisensorische Barrierefreiheit: Ein Beitrag zur Umsetzung der UN-Behindertenrechtskonvention. Bremen: ehv academicpress.

BGG – Gesetz zur Gleichstellung von Menschen mit Behinderungen (Behindertengleichstellungsgesetz – BGG). (https://www.gesetze-im-internet.de/bgg/BGG.pdf (Zugriff 28.04.2020))

Blaha, Reinfried (2009) Barrierefreiheit beginnt im Kopf. In: Behinderte Menschen: Zeitschrift für gemeinsames Leben, Lernen und Arbeiten, 32, 1, 13-17.

BMI – Bundesministerium des Innern, für Bau und Heimat (Hrsg.) (2016) Leitfaden Barrierefreies Bauen: Hinweise zum inklusiven Planen von Baumaßnahmen des Bundes. (https://www.bmi.bund.de/SharedDocs/downloads/DE/publikationen/themen/bauen/leitfaden-barrierefreies-bauen.pdf?__blob=publicationFile&v=11 (Zugriff 02.08.2019))

BMVBS – Bundesministerium für Verkehr, Bau und Stadtentwicklung (Hrsg.) (2008) Barrierefreiheit im öffentlichen Verkehrsraum für seh- und hörgeschädigte Menschen: direkt, Heft 64. Bremerhaven: Wirtschaftsverlag NW, Verlag für neue Wissenschaft.

BMWA – Bundesministerium für Wirtschaft und Arbeit (Hrsg.) (2003) Ökonomische Impulse eines barrierefreien Tourismus für alle: Eine Untersuchung im Auftrag des Bundesministeriums für Wirtschaft und Arbeit, Kurzfassung der Untersuchungsergebnisse.

Böhme, Jeanette (Hrsg.) (2009) Schularchitektur im interdisziplinären Diskurs: Territorialisierungskrise und Gestaltungsperspektiven des schulischen Bildungsraums. Wiesbaden: VS Verlag für Sozialwissenschaften.

Böhringer, Dietmar (Hrsg.) (2002) Taktile, akustische und optische Informationen im öffentlichen Bereich: Barrierefrei für Blinde und Sehbehinderte. Beiträge zum Bauen und Gestalten Heft 1. Würzburg: edition bentheim.

Böhringer, Dietmar (Hrsg.) (2003) Wahrnehmung – Orientierung – Sicherheit: Barrierefrei für Blinde und Sehbehinderte. Beiträge zum Bauen und Gestalten Heft 2. Hannover: Verein zur Förderung der Blindenbildung (VzFB).

Böhringer, Dietmar (2012) Barrierefreie Gestaltung von Kontrasten und Beschriftungen. Stuttgart: Fraunhofer IRB Verlag.

Böhringer, Dietmar und Axel Stemshorn (2017) Barrierefreie Treppen.

Boubekri, Mohamed (2015) Lichtplanung. In: Dudek, Mark (Hrsg.), Entwurfsatlas Schulen und Kindergärten. Basel: Birkhäuser, 34-39.

Breiner, Tobias Christopher (2019) Farb- und Formpsychologie. Berlin: Springer.

Bükers, Frederik (2017) Eine Halle für alle: Zur Barrierefreiheit, Zugänglichkeit und Nutzbarkeit von Sporthallen. In: sportpädagogik, 2, 38-41.

Bükers, Frederik und Jonas Wibowo (2020) Barrierefreiheit von Sporthallen: Bedeutung für die Teilhabe am Sport und Versuch einer Operationalisierung. In: German Journal of Exercise and Sport Research, 50, 71-81.

Burgstahler, Sheryl E. (Hrsg.) (2015) Universal Design in Higher Education: From Principles to Practice. Cambridge: Harvard Education Press.

Buser, Fritz (2003) Sehbehindertengerechte Beleuchtung in der Schule und daheim. In: Optometrie, 51, 4, 23-31.

BVN – Blinden- und Sehbehindertenverband Niedersachsen e. V. (Hrsg.) (2017) Barrierefreiheit innerhalb von Gebäuden.

C

Chiles, Prue (Hrsg.) (2015) Schulen bauen: Leitlinien für Planung und Entwurf. Basel: Birkhäuser.

D

DB – Deutsche Bahn (Hrsg.) (2012) Richtlinie 813.0304: Wegeleit- und Informationssystem – Informationselemente für Blinde und Sehbehinderte.

DBSV – Deutscher Blinden- und Sehbehindertenverband e. V. (Hrsg.) (2016) Barrierefreies Bauen: Kontrastreiche Gestaltung öffentlich zugänglicher Gebäude. Berlin.

Degenhardt, Sven (2016) Was kostet die inklusive Beschulung einer Schülerin, eines Schülers mit Blindheit und Sehbehinderung? Irrtümer – Visionen – Annäherungen. In: Degenhardt, Sven, Wiebke Gewinn und Marie-Luise Schütt

(Hrsg.), Spezifisches Curriculum für Menschen mit Blindheit und Sehbehinderung für die Handlungsfelder Schule, Übergang von der Schule in den Beruf und Berufliche Rehabilitation. Norderstedt: Books on Demand, 127-166.

Degenhardt, Sven (2018) „Stell Dir vor es gibt eine inklusive Schule und Du kommst nicht rein ...!" – Barrierefreiheit im Schulbau als notwendiger Teil inklusiver Schulentwicklung. In: Sonderpädagogische Förderung heute, 63, 2, 145-157.

Degenhardt, Sven (2019) Umsetzung der Marrakesch-Richtlinie an Hochschulen: Befugte Stellen – Universal Design – Born Accessible Publishing. In: Bibliotheksdienst, 53, 10-11, 652-661.

Degenhardt, Sven, Amrollah Ebrahimi, Hamid Nasiri Dehsorkhi et al. (Hrsg.) (2018) Dialogues on Disability and Inclusion between Isfahan and Hamburg – First results gained in a research project within the DAAD program "Higher Education Dialogue with the Islamic world". Norderstedt: Books on Demand.

Degenhardt, Sven und Maike Gattermann-Kasper (2014) Universal Design for eLearning? Erste Schritte auf einem langen Weg. In: Hamburger eLearning-Magazin, 13, 20-23. (http://www.uni-hamburg.de/elearning/hamburger-elearning-magazin-13.pdf (Zugriff 13.03.2015))

Degenhardt, Sven, Marie Geldmacher, Valentin Keller et al. (2018) Accessibility in public space and public buildings – an observation protocol for research and teaching at universities. In: Degenhardt, Sven, Amrollah Ebrahimi, Hamid Nasiri Dehsorkhi et al. (Hrsg.), Dialogues on Disability and Inclusion between Isfahan and Hamburg – First results gained in a research project within the DAAD program "Higher Education Dialogue with the Islamic world". Norderstedt: Books on Demand, 201-216.

Degenhardt, Sven und Florian Peter Hilgers (2008) Das funktionale Sehen – Diagnostik und Förderung aus blindenpädagogischer Perspektive. In: Kaase, Heinrich und Felix Serick (Hrsg.), Sechstes Symposium „Licht und Gesundheit": Eine Sondertagung der TU Berlin und der DGP mit DAfP und LiTG, 13. und 14. März 2008. TU Berlin: TU Berlin, 70 – 82.

Degenhardt, Sven und Joachim Schroeder (2016) Inclusive Education And Accessibility: Breaking down barriers in school infrastructure to achieve education

for all. Bonn, Eschborn: Deutsche Gesellschaft für Internationale Zusammenarbeit (GIZ).

Degenhart, Christine, Johann Ebe und Gabriele Famers (2014) Barrierefreies
Bauen: Planungsgrundlagen, Leitfaden für Architekten, Fachingenieure, Bau-
herren und Interessierte zur DIN 18040, Teil 1. München: Bayerische Architektenkammer.

Dehoff, Peter (2016) Umgebungsbedingung: Licht. In: Hauke, Petra und Klaus Ulrich Werner (Hrsg.), Praxishandbuch Bibliotheksbau: Planung – Gestaltung –
Betrieb. Berlin, Boston: Walter de Gruyter, 271-280.

Deutscher Museumsbund e. V., Bundesverband Museumspädagogik e. V. und
Bundeskompetenzzentrum Barrierefreiheit e. V. (Hrsg.) (2013) Das inklusive
Museum – Ein Leitfaden zu Barrierefreiheit und Inklusion. Berlin: Deutscher
Museumsbund e.V.

DGUV – Deutsche Gesetzliche Unfallversicherung e.V. (Hrsg.) (2020) Coronavi-
rus (SARS-CoV-2) –Empfehlungen für Schulen. Berlin. (https://publikationen.
dguv.de/widgets/pdf/download/article/3813 (Zugriff 01.05.2020))

Dietz, Birgit (2018) Demenzsensible Architektur: Planen und Gestalten für alle
Sinne. Stuttgart: Fraunhofer IRB Verlag.

Dietz, Yvonne (2010) Barrierefreiheit in Kultur und Freizeit: Nutzbarkeit von Museen für Seh- und Gehbehinderte im Vergleich. Berlin: BibSpider.

DIN – Deutsches Institut für Normung e. V. (Hrsg.) (2014) DIN-Taschenbuch 134/1:
Sporthallen und Sportplätze Anforderungen. Berlin Wien Zürich: Beuth.

DIN – Deutsches Institut für Normung e. V. (Hrsg.) (2014) DIN-Taschenbuch 134/2:
Sporthallen und Sportplätze Prüfverfahren. Berlin Wien Zürich: Beuth.

DIN 18032-1:2014-11 Sporthallen – Hallen und Räume für Sport und Mehrzwecknutzung – Teil 1: Grundsätze für die Planung Berlin: Beuth.

DIN 18040-1:2010-10 Barrierefreies Bauen – Planungsgrundlagen – Teil 1: Öffentlich zugängliche Gebäude. Berlin: Beuth.

DIN 18040-2:2011-09 Barrierefreies Bauen – Planungsgrundlagen – Teil 2: Wohnungen Berlin: Beuth.

DIN 18040-3:2014-12 Barrierefreies Bauen – Planungsgrundlagen – Teil 3: Öffentlicher Verkehrs- und Freiraum Berlin: Beuth.

DIN 18041:2016-03 Hörsamkeit in Räumen – Anforderungen, Empfehlungen und Hinweise für die Planung Berlin: Beuth.

DIN 18065:2015-03 Gebäudetreppen – Begriffe, Messregeln, Hauptmaße Berlin: Beuth.

DIN 32975:2009-12 Gestaltung visueller Informationen im öffentlichen Raum zur barrierefreien Nutzung Berlin: Beuth.

DIN 32984:2011-10 Bodenindikatoren im öffentlichen Raum Berlin: Beuth.

DIN 32986:2019-06 Taktile Schriften und Beschriftungen – Anforderungen an die Darstellung und Anbringung von Braille- und erhabener Profilschrift Berlin: Beuth.

DIN 4109-1:2016-07 Schallschutz im Hochbau – Teil 1: Mindestanforderungen Berlin: Beuth.

DIN 4844-1:2012-06 Graphische Symbole – Sicherheitsfarben und Sicherheitszeichen – Teil 1: Erkennungsweiten und farb- und photometrische Anforderungen Berlin: Beuth.

DIN 67700:2017-05 Bau von Bibliotheken und Archiven – Anforderungen und Empfehlungen für die Planung Berlin: Beuth.

DIN EN 81-20:2014-11 Sicherheitsregeln für die Konstruktion und den Einbau von Aufzügen – Aufzüge für den Personen- und Gütertransport – Teil 20: Personen- und Lastenaufzüge; Deutsche Fassung EN 81-20:2014 Berlin: Beuth.

DIN EN 81-50:2015-02 Sicherheitsregeln für die Konstruktion und den Einbau von Aufzügen – Prüfungen – Teil 50: Konstruktionsregeln, Berechnungen und Prüfungen von Aufzugskomponenten; Deutsche Fassung EN 81-50:2014 Berlin: Beuth.

DIN EN 81-70:2018-07 Sicherheitsregeln für die Konstruktion und den Einbau von Aufzügen – Besondere Anwendungen für Personen- und Lastenaufzüge – Teil 70: Zugänglichkeit von Aufzügen für Personen einschließlich Personen mit Behinderungen; Deutsche Fassung EN 81-70:2018 Berlin: Beuth.

DIN EN 12217:2015-07 Türen – Bedienungskräfte – Anforderungen und Klassifizierung; Deutsche Fassung EN 12217:2015 Berlin: Beuth.

DIN EN 12464-1:2011-08 Licht und Beleuchtung – Beleuchtung von Arbeitsstätten – Teil 1: Arbeitsstätten in Innenräumen; Deutsche Fassung EN 12464-1:2011 Berlin: Beuth.

DIN EN 12464-2:2014-05 Licht und Beleuchtung – Beleuchtung von Arbeitsstätten – Teil 2: Arbeitsplätze im Freien; Deutsche Fassung EN 12464-2:2014 Berlin: Beuth.

DIN EN 13200-1:2019-05 Zuschaueranlagen – Teil 1: Allgemeine Merkmale für Zuschauerplätze; Deutsche Fassung EN 13200-1:2019 Berlin: Beuth.

DIN V 18032-2:2001-04 Sporthallen – Hallen für Turnen, Spiele und Mehrzwecknutzung – Teil 2: Sportböden; Anforderungen, Prüfungen. Berlin: Beuth.

DGUV Regel 108-003: Fußböden in Arbeitsräumen und Arbeitsbereichen mit Rutschgefahr (https://www.unfallkasse-nrw.de/fileadmin/server/download/Regeln_und_Schriften/Regeln/108-003-2003.pdf (Zugriff 02.04.2020))

Domma, Ottokar (1973) Ottokar, der Weltverbesserer. Berlin: Eulenspiegel Verlag

Dudek, Mark (2015) Entwurfsatlas Schulen und Kindergärten. Basel: Birkhäuser.

Duffy, Maureen A. (2016) Making Life More Livable: Simple Adaptations for Living at Home after Vision Loss. New York: AFB Press.

E

Egger, Jan (2020) Häuser machen Schule: Eine architektursoziologische Analyse gebauter Bildung. Wiesbaden: Springer VS.

Ehrenstein, Wolfgang (2006) Management der circadianen Beleuchtung: Indikation – Anforderung – Perspektiven. In: Kaase, Heinrich und Felix Serick (Hrsg.), Licht und Gesundheit. TU Berlin, 77-105.

Everding, Dagmar, Volker Sieger und Simone Meyer (2015) Handbuch Barrierefreies Bauen: Leitfaden zur DIN 18040 Teil 1 bis 3. Köln: Verlagsgesellschaft Rudolf Müller.

Expertenkommission MV (Hrsg.) (2012) Zur Entwicklung eines inklusiven Bildungssystems in Mecklenburg-Vorpommern bis zum Jahr 2020: Bericht mit Empfehlungen der Expertenkommission „Inklusive Bildung in M-V bis zum Jahr 2020". (https://www.bildung-mv.de/export/sites/bildungsserver/downloads/Inklusion-Expertenk_Bericht.pdf (Zugriff 04.01.2018))

Fischer, Karl Albert und Ioana Paula Negrut (2013) Licht und Beleuchtung in der Schulraumgestaltung. In: Kahlert, Joachim, Kai Nitsche und Klaus Zierer (Hrsg.), Räume zum Lernen und Lehren: Perspektiven einer zeitgemäßen Schulraumgestaltung. Bad Heilbrunn: Julius Klinkhardt, 157-176.

Föhl, Patrick S., Stefanie Erdrich, Hartmut John et al. (Hrsg.) (2007) Das barrierefreie Museum: Theorie und Praxis einer besseren Zugänglichkeit. Ein Handbuch. Bielefeld: transkript.

Fördergemeinschaft Gutes Licht (Hrsg.) (2010) licht.wissen 08: Sport und Freizeit. Frankfurt am Main. (https://www.licht.de/fileadmin/Publikationen_Downloads/lichtwissen08_SportFreizeit.pdf (Zugriff 28.04.2020))

Fördergemeinschaft Gutes Licht (Hrsg.) (2012) licht.wissen 02: Besser lernen mit gutem Licht. Frankfurt am Main.

Fördergemeinschaft Gutes Licht (Hrsg.) (2012) licht.wissen 04: Licht im Büro, motivierend und effizient. Frankfurt am Main.

Fördergemeinschaft Gutes Licht (Hrsg.) (2014) licht.wissen 03: Straßen, Wege und Plätze. Frankfurt am Main.

Fördergemeinschaft Gutes Licht (Hrsg.) (2016) licht.wissen 01: Die Beleuchtung mit künstlichem Licht. Frankfurt am Main.

Fördergemeinschaft Gutes Licht (Hrsg.) (2018) licht.wissen 21: Leitfaden Human Centric Lighting (HCL). Frankfurt am Main. (https://www.licht.de/fileadmin/Publikationen_Downloads/1806_lw21_HCL_web.pdf (Zugriff 28.04.2020))

Forster, Johanna (2000) Räume zum Lernen und Spielen: Untersuchungen zum Lebensumfeld „Schulbau". Berlin: VWB – Verlag für Wissenschaft und Bildung.

Franke-Maier, Michael (2018) Leit- und Orientierungssysteme. In: Lushington, Nolan, Wolfgang Rudorf und Liliane Wong (Hrsg.), Entwurfsatlas Bibliotheken. Basel: Birkhäuser, 106-113.

G

Gebäudemanagement der Stadt Wuppertal (Hrsg.) (2019) Barrierefreiheit von öffentlichen Gebäuden der Stadt Wuppertal. (https://www.wuppertal.de/

microsite/gmw/gebaeude_erleben/sonderthemen/Barrierefreies-Bauen.php.
media/279830/Barrierefrei-Richtlinie_GMW.pdf (Zugriff 18.03.2020))

Grütter, Jörg Kurt (2019) Grundlagen der Architektur – Wahrnehmung. Wiesbaden: Springer Vieweg.

Günther, Karl-Heinz, Franz Hofmann, Gerd Hohendorf et al. (1968) Quellen zur Geschichte der Erziehung. Berlin: Volk und Wissen Volkseigener Verlag.

H

Heck, Helmut (2012) Barrieren. In: Beck, Iris und Heinrich Greving (Hrsg.), Lebenslage und Lebensbewältigung. Stuttgart: Kohlhammer, 328 – 333.

Heiermann, Wolfgang, Richard Riedl, Martin Rusam et al. (2013) Handkommentar zur VOB: Teile A und B, Rechtsschutz im Vergabeverfahren. Wiesbaden: Vieweg & Sohn.

Heller, Eva (1999) Wie Farben wirken – Farbpsychologie, Farbsymbolik, Kreative Farbgestaltung. Reinbek: Rowohlt.

Henriksen, Anne und Frank Laemers (Hrsg.) (2016) Funktionales Sehen: Diagnostik und Interventionen bei Beeinträchtigungen des Sehens. Würzburg: edition bentheim.

Hesse-Germann, Anuschka (2016) Barrierefrei – und jeder weiß, wo es lang geht! Gefahrenabsicherung, Orientierung und Komforterhöhung durch Kontraste. Aachen: Pro Retina Deutschland e.V.

Hilge, Catja, Christian Nocke und Mats Exter (2016) Raumakustik: Akustische Bedingungen am Arbeitsplatz effektiv gestalten. Wiesbaden: Industrieverband Büro und Arbeitswelt e. V. (IBA)

Hoffmann, Petra (2015) Der Klassenraum als dritter Pädagoge. Hamburg: Diplomica Verlag.

Holfeld, Monika (2008) Barrierefreie Lebensräume: Bauen und Wohnen ohne Hindernisse. Berlin: HUSS-Medien GmbH.

Holfeld, Monika (2013) Licht und Farbe: Planung und Ausführung bei der Gebäudegestaltung. Berlin, Wien, Zürich: Beuth.

HRK – Hochschulrektorenkonferenz (2009) „Eine Hochschule für Alle" Empfehlung der 6. Mitgliederversammlung am 21.4.2009 zum Studium mit Behinderung/chronischer Krankheit. (https://www.hrk.de/uploads/tx_szconvention/Entschliessung_HS_Alle.pdf (Zugriff 29.03.2020))

HRK – Hochschulrektorenkonferenz (2013) „Eine Hochschule für Alle" Empfehlung der 6. Mitgliederversammlung der HRK am 21. April 2009 zum Studium mit Behinderung/chronischer Krankheit: Ergebnisse der Evaluation. (https://www.hrk.de/fileadmin/redaktion/hrk/02-Dokumente/02-03-Studium/02-03-08-Barrierefreies-Studium/Auswertung_Evaluation_Hochschule_fuer_Alle_01.pdf (Zugriff 29.03.2020))

I

Institut für Schulqualität und Bildungsforschung und Bayerische Architektenkammer (Hrsg.) (2011) Schule bauen. München: kopaed.

Irvall, Birgitta und Gyda Skat Nielsen (2006) Zugang zu Bibliotheken für Menschen mit Behinderungen – Prüfliste (IFLA Professional Report, No. 94; Deutsche Übersetzung: Elke Dittmer): Internationaler Verband der bibliothekarischen Vereine und Institutionen. (https://www.ifla.org/files/assets/hq/publications/professional-report/94.pdf (Zugriff 30.03.2020))

ISO 21542:2011(E) Building construction — Accessibility and usability of the built environment.

K

Kahlert, Joachim, Kai Nitsche und Klaus Zierer (Hrsg.) (2013) Räume zum Lernen und Lehren: Perspektiven einer zeitgemäßen Schulraumgestaltung. Bad Heilbrunn: Verlag Julius Klinkhardt.

Kessel, Tamara (2015) Empfehlungen und Leitlinien für barrierefreie und ‚autismusfreundliche' Schulen und Kindergärten. Stuttgart: Fraunhofer IRB Verlag.

Kessl, Fabian (2019) „Sozialraum ist die Antwort. Doch was war nochmals die Frage?" Ein Vorschlag zur Sortierung einer unübersichtlichen Debatte. In: Ricken, Gabi und Sven Degenhardt (Hrsg.), Vernetzung, Kooperation, Sozialer Raum: Inklusion als Querschnittaufgabe. Bad Heilbrunn: Verlag Julius Klinkhardt, 31-42.

KfW-Bankengruppe (Hrsg.) (2016) KfW-Kommunalpanel 2016. (https://www.
    kfw.de/PDF/Download-Center/Konzernthemen/Research/PDF-Dokumente-
    KfW-Kommunalpanel/KfW-Kommunalpanel-2016.pdf (Zugriff 03.01.2018))
Knauf, Helen (2017) Visuelle Raumanalyse: Eine methodologische Erschließung
    am Beispiel Kindertageseinrichtung. In: Frühe Bildung, 6, 1, 33-40.
Kricke, Meike, Kersten Reich, Lea Schanz et al. (2018) Raum und Inklusion: Neue
    Konzepte im Schulbau. Weinheim, Basel: Beltz.
Kritzmann, Bernd und Gerlinde Renzelberg (Hrsg.) (2012) review II – grenzen-
    los: ideen für eine barrierefreie universität. Hamburg: HafenCity Universität
    Hamburg.

L

Landeshauptstadt München (Hrsg.) (2016) Praxisbuch Münchner LERNHAUS.
Landesregierung Nordrhein-Westfalen (05.09.2013) Ministerin Löhrmann: Gut-
    achten liefert kein zutreffendes Bild der Folgekosten für die Kommunen / KSV-
    Gutachten zur schulischen Inklusion.
Lange, Wolfgang und Armin Windel (2017) Kleine ergonomische Datensamm-
    lung. Köln: TÜV Media.
Leistner, Philip, Horst Drotleff und Michael Leistner (2016) Richtlinie Akustik in
    Lebensräumen für Erziehung und Bildung. Stuttgart: Fraunhofer-Institut für
    Bauphysik IBP.
Loeschcke, Gerhard und Daniela Pourat (1994) Integrativ und barrierefrei: Be-
    hindertengerechte Architektur für Hochschulen und Wohnheime Darmstadt:
    Verlag Das Beispiel.
Loeschcke, Gerhard, Daniela Pourat und Lothar Marx (2011) Barrierefreies Bauen
    Band 1: Kommentar zu DIN 18040-1. Berlin, Wien, Zürich: Beuth Verlag.
Loeschcke, Gerhard, Daniela Pourat und Lothar Marx (2012) Barrierefreies Bauen
    Band 2: Kommentar zu DIN 18040-2. Berlin, Wien, Zürich: Beuth Verlag.
Ludwig, Elke (2011) Barrierefreies Bauen: Vergleich DIN 18040-1 mit DIN 18024-2.
    Berlin, Wien, Zürich: Beuth Verlag GmbH.
LWV-Hessen – Landeswohlfahrtsverband Hessen (Hrsg.) (2018) Beleuchtung –
    Blendschutz – Markierungen: Empfehlungen für Schulen mit dem Förder-

schwerpunkt Sehen(Text: Achim Merget-Gilles). Kassel: LWV Hessen. (https://www.lwv-hessen.de/lwv-politik/publikationen/aktuelle-uebersicht/schulen-fruehfoerderung.html (Zugriff 25.03.2020))

M

Magistrat der Stadt Wien (Hrsg.) (2013) Sonnenschutz! voraus: Technologieleitfaden Sonnenschutzsysteme. Wien.

Marqua, Mirjam (2014) Barrierefreiheit der Stuttgarter Bibliotheken. In: Bibliothek Forschung und Praxis, 38, 3, 468-477.

Meier-Popa, Olga (2017) Der Weg zu einer barrierefreien und sicheren Schule für alle. In: Schweizerische Zeitschrift für Heilpädagogik, 23, 3, 36-43.

Methling, Dieter (1979) Licht, Beleuchtung und Sehen in der Arbeitsumwelt. Berlin: Verlag Tribüne.

Meuser, Natascha (Hrsg.) (2014) Handbuch und Planungshilfe Schulbauten. Berlin: DOM publishers.

Meyer-Buck, Hartmuth (2008) Planung barrierefreier Sportstätten: Schwerpunkt: Schul-, Vereins- und Freizeitsport: Selbstverlag.

Meyer-Meierling, Paul (2004) Behindertengerechtes Bauen – Vollzugsprobleme im Planungsprozess – Projektteil A: Technische und finanzielle Machbarkeit. Zürich: Hindernisfreie Architektur – Die Schweizer Fachstelle.

Million, Angela, Thomas Coelen, Anna Juliane Heinrich et al. (2017) Gebaute Bildungslandschaften: Verflechtungen zwischen Pädagogik und Stadtplanung. Berlin: jovis Verlag.

Mingers, Isabel (2015) Bauliche Barrierefreiheit in nordrhein-westfälischen Hochschulbibliotheken. Bachelorarbeit. Fakultät für Informations- und Kommunikationswissenschaften. Technische Hochschule Köln. Köln.

Ministerium für Volksbildung der Deutschen Demokratischen Republik (Hrsg.) (1979) Schulbau in der DDR: Leitfaden für Baumaßnahmen an Oberschulen. Berlin: VEB Volk und Wissen Berlin.

MSJG – BDA – VBE – Montag Stiftung Jugend und Gesellschaft – Bund Deutscher Architekten – Verband Bildung und Erziehung (Hrsg.) (2017) Leitlinien für leistungsfähige Schulbauten in Deutschland.

MSJG – MSUR – Montag Stiftung Jugend und Gesellschaft und Montag Stiftung Urbane Räume (Hrsg.) (2012) Schulen planen und bauen: Grundlagen und Prozesse. Berlin: jovis Verlag.

MSJG – Montag Stiftung Jugend und Gesellschaft (Hrsg.) (2017) Schulen planen und bauen 2.0: Grundlagen, Prozesse Projekte. Berlin: jovis Verlag.

Müller, Thomas (2014) Vom Klassenzimmer zur Lernlandschaft: Unterrichtsräume im Zeitalter der Informationstechnologie. In: Meuser, Natascha (Hrsg.), Handbuch und Planungshilfe Schulbauten. Berlin: DOM publishers, 34-45.

N

Naish, Lucy, Louise Clunies-Ross und Judy Bell (Hrsg.) (2003) Exploring Access: How to audit your school environment, focusing on the needs of children who have multiple disabilities and visual impairment. London: Royal National Institute of the Blind.

Naish, Lucy, Louise Clunies-Ross und Judy Bell (Hrsg.) (2004) Exploring Access in mainstream: How to audit your school environment, focusing on the needs of children who have visual impairment. London: Royal National Institute of the Blind.

National Disability Authority (Hrsg.) (2012) Improving the Accessibility of School Buildings. Dublin. (http://nda.ie/nda-files/Improving-the-Accessibility-of-Schools1.pdf (Zugriff 25.04.2020))

Nguyen, Thu Huon (2004) Architektonische Grundlage für die Entwicklung von barrierefreien berufsbildenden Schulen für die Integration von Seh- und Mobilitätsbehinderten sowie nichtbehinderten Menschen in Vietnam. Fakultät Architektur. Bauhaus-Universität Weimar. Weimar.

Nocke, Christian (2014) Raumakustik im Alltag – Hören, Planen, Verstehen. Stuttgart: Fraunhofer-IRB-Verlag.

Nocke, Christian (2016) Die neue DIN 18041 – Hörsamkeit in Räumen. In: Lärmbekämpfung: Zeitschrift für Akustik, Schallschutz und Schwingungstechnik, 11, 2, 50-55.

Nocke, Christian und Markus Meis (Hrsg.) (2013) Akustik in Büro und Objekt: Dokumentation des 2. Symposiums Büro. Raum. Akustik. Köln 2011 Stuttgart: Fraunhofer IRB Verlag.

O

ÖNORM B 1600:2017-04 Barrierefreies Bauen – Planungsgrundlagen.
ÖNORM B 1602:2013-10 Barrierefreie Bildungseinrichtungen – Planungsgrundlagen. Wien.
Opp, Günther und Angela Brosch (Hrsg.) (2010) Lebensraum Schule: Raumkonzepte planen – gestalten – entwickeln. Stuttgart: Fraunhofer IRB Verlag.

P

Pagano, Todd und Annemarie Ross (2015) Teaching Chemistry to Students with Disabilities: A Manual for High Schools, Colleges and Graduate Programs Edition 4.1: American Chemical Society's Committee on Chemists with Disabilities. (https://scholarworks.rit.edu/cgi/viewcontent.cgi?article=1001&context=ritbooks (Zugriff 25.03.2020))

R

Rau, Ulrike (Hrsg.) (2011) barrierefrei – bauen für die zukunft (2. Auflage). Berlin: Bauwerk.
Rausch, Carolin (2014) Einfluss von konventioneller Beleuchtung und LED-Beleuchtung auf die Lesegeschwindigkeit bei sehbehinderten Menschen. Jena: unveröffentlichte Bachelorarbeit.
Rebstock, Markus und Volker Sieger (2015) Barrierefreies Bauen Band 3: Kommentar zu DIN 18040-3. Berlin, Wien, Zürich: Beuth Verlag.
Ross, Manfred und Joachim Schmidberger (2010) Licht für den Lebensraum Schule. In: Opp, Günther und Angela Brosch (Hrsg.), Lebensraum Schule: Raumkonzepte planen – gestalten – entwickeln. Stuttgart: Fraunhofer IRB Verlag, 221-234.

Roth, Alfred (1950) The New School / La Nouvelle Ecole / Das Neue Schulhaus. Zürich: Girsberger.

Ruck, Nancy, Øyvind Achehoug, Sirri Aydinli et al. (2000) Daylight in Buildings – A source book on daylighting systems and components. Berkeley: Lawrence Berkeley National Laboratory.

Rudorf, Wolfgang (2018) Lichtplanung. In: Lushington, Nolan, Wolfgang Rudorf und Liliane Wong (Hrsg.), Entwurfsatlas Bibliotheken. Basel: Birkhäuser, 88-89.

Rudow, Bernd (2014) Die gesunde Arbeit: Psychische Belastungen, Arbeitsgestaltung und Arbeitsorganisation. München: De Gruyter Oldenbourg.

Rüschenschmidt, Heinz (1988) Beleuchtung und Farbe. Bochum: Verlag Technik & Information.

S

Sachsenweger, Rudolf (1963) Der Sehschwache: Ein augenärztlicher Beitrag zu seinen beruflichen, sozialen und menschlichen Problemen Leipzig: VEB Georg Thieme.

Schick, August, Markus Meis und Christian Nocke (Hrsg.) (2010) Beiträge zur Psychologischen Akustik: Dokumentation des 1. Symposiums Büro. Raum. Akustik. Köln. Oldenburg: Isensee.

Schierz, Christoph (2013) Leitfaden zur Beleuchtung von Unterrichts- und Vortragsräumen. Berlin: Deutsche Lichttechnische Gesellschaft (LiTG) e.V.

Schmieg, Peter, Šárka Voříšková, Gesine Marquardt et al. (2010) BISp-Orientierungshilfe: Bauliche Voraussetzungen für den paralympischen Sport. Bonn: Bundesinstitut für Sportwissenschaft. (https://www.bisp.de/SharedDocs/Downloads/Publikationen/sonstige_Publikationen_Ratgeber/OH_Bauliche_Vor_Paralympics.pdf?__blob=publicationFile&v=1 (Zugriff 25.03.2020))

Schönig, Wolfgang und Christina Schmidtlein-Mauderer (Hrsg.) (2013) Gestalten des Schulraums: Neue Kulturen des Lernens und Lebens. Bern: hep verlag.

Schroeder, Joachim (2016) Schule, Gemeinwesen und Inklusion. Möglichkeiten und Grenzen sozialraumorientierter Schulentwicklung. In: Beck, Iris (Hrsg.), Inklusion im Gemeinwesen. Stuttgart: Kohlhammer, 85-144.

Schröteler-von Brandt, Hildegard, Thomas Coelen, Andreas Zeising et al. (Hrsg.) (2012) Raum für Bildung: Ästhetik und Architektur von Lern- und Lebensorten. Bielefeld: transcript.

Seiferlein, Werner und Christine Kohlert (Hrsg.) (2018) Die vernetzten gesundheitsrelevanten Faktoren für Bürogebäude: Die geplante Gesundheit. Wiesbaden: Springer Vieweg.

Seydel, Otto (2014) Das Münchner LERNHAUS: Chancen für alle. München: Landeshauptstadt München, Referat für Bildung und Sport. (http://www.schulentwicklung-net.de/images/stories/Anlagen/516_Lernhaus_121014.pdf (Zugriff 24.04.2020))

Stadler-Altmann, Ulrike (Hrsg.) (2016) Lernumgebungen: Erziehungswissenschaftliche Perspektiven auf Schulgebäude und Klassenzimmer. Opladen, Berlin, Toronto: Verlag Barbara Budrich.

Steinfeld, Edward (2005) Education for All: The Cost of Accessibility.

Stocker Steinke, Sara und Joëlle Staub (Hrsg.) (2016) inkl.: Praxishandbuch für ein Museum ohne Barrieren. Baden: Hier und Jetzt.

T

Tervooren, Anja und Jürgen Weber (2012) Wege zur Kultur: Barrieren und Barrierefreiheit in Kultur- und Bildungseinrichtungen. Köln, Weimar, Wien: Böhlau.

Tiesler, Gerhart und Markus Oberdörster (2010) Lärm in Bildungsstätten. Berlin, Dortmund: Initiative Neue Qualität der Arbeit c/o Bundesanstalt für Arbeitsschutz und Arbeitsmedizin.

U

UHH – Universität Hamburg (Hrsg.) (2019) Diversity-Konzept 2019-2023 der Universität Hamburg. Hamburg.

UK-NRW – Unfallkasse Nordrhein-Westfalen (Hrsg.) (2014) Barrierefreiheit wahrnehmen – erkennen – erreichen – nutzen: Gemeinsam lernen. (https://www.ganztaegig-lernen.de/sites/default/files/barrierefrei.pdf (Zugriff 28.04.2020))

UN – United Nations (2006/2008) Übereinkommen über die Rechte von Menschen mit Behinderungen (dreisprachige Fassung im Bundesgesetzblatt Teil II Nr. 35 vom 31.12.2008).

V

VBE – Verband Bildung und Erziehung (2018) Initiativantrag Barrierefreiheit priorisieren! In. (https://www.vbe.de/fileadmin/user_upload/VBE/Themen/Positionen/2018-11-19_Inititativantrag_Barrierefreiheit_priorisieren.pdf (Zugriff 29.03.2020))

Verband der Museen der Schweiz (Hrsg.) (2016) Barrierefreie Museen: Hinweise und Anregungen Zürich: VMS.

Voříšková, Šárka (2016) Barrierefreiheit – eine Herausforderung?! In: Hauke, Petra und Klaus Ulrich Werner (Hrsg.), Praxishandbuch Bibliotheksbau: Planung – Gestaltung – Betrieb. Berlin, Boston: Walter de Gruyter, 259-270.

W

Walden, Rotraut und Simone Borrelbach (2014) Schulen der Zukunft: Gestaltungsvorschläge der Architekturpsychologie. Kröning: Asanger Verlag.

Weber, Jürgen (2009) Barrierefreiheit: „Es geht nicht um Speziallösungen, es geht um uns alle, um Universal Design.". In: Hauke, Petra und Klaus Ulrich Werner (Hrsg.), Bibliotheken bauen und ausstatten. Bad Honnef: Bock + Herchen, 310-321. (https://edoc.hu-berlin.de/bitstream/handle/18452/2841/310.pdf?-sequence=1&isAllowed=y (Zugriff 30.03.2020))

Welsch, Norbert und Claus Chr. Liebmann (2004) Farben – Natur, Technik, Kunst. München: Spektrum Akademischer Verlag.

Werner, Klaus Ulrich (2009) Licht und Beleuchtung. In: Hauke, Petra und Klaus Ulrich Werner (Hrsg.), Bibliotheken bauen und ausstatten. Bad Honnef: Bock + Herchen, 210-217. (https://edoc.hu-berlin.de/bitstream/handle/18452/10135/25Gh3UywL6dIY.pdf?sequence=1&isAllowed=y (Zugriff 30.03.2020))

Wessolowski, Nino (2014) Wirksamkeit von Dynamischem Licht im Schulunterricht. Dissertation. Fakultät Erziehungswissenschaft, Psychologie und Bewegungs-

wissenschaft. Universität Hamburg. Hamburg. (https://ediss.sub.uni-hamburg.
de/volltexte/2014/6759/pdf/Dissertation.pdf (Zugriff 01.04.2020))

WHO – World Health Organisation (Hrsg.) (2001/2005) Internationale Klassifika-
tion der Funktionsfähigkeit, Behinderung und Gesundheit (ICF); Endfassung
(final draft) der deutschsprachigen Übersetzung der ICF, Stand Oktober 2005.
(https://www.dimdi.de/dynamic/de/klassifikationen/downloads/?dir=icf
(Zugriff 28.04.2020))

4. Dank für die Mitarbeit, Beratung und Fortbildung

Die Beschäftigung mit dem Themenbereich der Gestaltung barrierefreier Lehr- und Lernräume begleitet meine gesamte bisherige berufliche Tätigkeit. Bereits im Studium der Blinden- und Sehbehindertenpädagogik an der Humboldt-Universität zu Berlin in den 1980er Jahren wurde deutlich, dass mir meine Kombination mit dem zuvor absolvierten Diplomlehrerstudium Mathematik/Physik spannende rehabilitationspädagogische Perspektiven in der Verbindung zwischen der Naturwissenschaft und der Blinden- und Sehbehindertenpädagogik ermöglicht. So waren es die Lehrenden Prof. Dr. Dieter Methling (Biologische Optik) und Prof. Dr. Gerhart Lindner (pädagogische Audiologie) sowie meine „Doktorväter" Prof. Dr. Wolfgang Fromm (Blinden- und Sehbehindertenpädagogik) und Prof. Dr. Hansjoachim Lechner (Physikdidaktik), die in diesem biografischen Zusammentreffen immer Chancen sahen und diese auch abfragten. Lag mein Fokus über viele Jahre auf dem Gebiet der optischen und elektronischen Hilfsmittel und der Beleuchtung, folgten bald Fragen der Farb- und Kontrastgestaltung von Arbeitsmaterialien, aber auch im Lehr- und Lernraum. Mittlerweile haben einige Studierendengenerationen diese Schwerpunktsetzung – zumindest in der Vorbereitung auf die Klausur „Physiologische Optik" – ein wenig verflucht. Dennoch breitete sich der Fokus immer weiter aus, denn mit der International Classification of Functioning, Disability and Health (ICF; WHO 2001/2005) und der UN-Behindertenrechtskonvention (UN 2006/2008) wurde erneut bestätigt: Bildungsprozesse für Menschen mit Behinderung können nur erfolgreich gestaltet werden, wenn sie barrierefrei sind und in einem barrierefreien Lehr-Lern-Setting stattfinden. Somit entstand in Lehre und Forschung ein Schwerpunkt, der die wechselseitigen Wirkzusammenhänge von inklusiven Bildungsprozessen und Barrierefreiheit zum Thema machte.

Ich danke an dieser Stelle allen Studierenden, die in unterschiedlichen Lehrveranstaltungen dem Zugang zu sonderpädagogischen Fragen über die Konzepte Barrierefreiheit und Universal Design folgten und durch kreatives Literaturstudium, in Diskussionen und Streitgesprächen und bei Handlungsfelderkundungen mir die Möglichkeit gaben, an Fragen, Thesen und Träumen zum Thema weiter zu arbeiten. Hier danke ich insbesondere Marie Geldmacher und Valentin Keller, die über mehrere Semester hinweg die Erarbeitung und Erprobung eines Beobachtungsbogens (Protokoll Barrierefreiheit) in Deutsch, Englisch und Farsi begleitet haben. Ein Dank geht auch an meine Kolleginnen und Kollegen an der Universität Hamburg: Prof. Dr. Gabi Ricken und Dr. Marie-Luise Schütt für die Platzierung des Ansatzes im Projekt „Professionelles Lehrerhandeln zur Förderung fachlichen Lernens unter sich verändernden gesellschaftlichen Bedingungen (ProfaLe) / Qualitätsoffensive Lehrerbildung", Prof. Dr. Joachim Schroeder für die aktive Mitwirkung bei der Implementierung in internationalen Projekten und in Konzepten der Entwicklungszusammenarbeit sowie Christoph Henriksen und Frederik Bükers für die Anregungen aus dem Feld der Pädagogik bei Beeinträchtigung der körperlich-motorischen Entwicklung.

Immer wieder herausfordernd und lehrreich war und ist das Mitwirken als Externer in den Planungs- und Vorbereitungsdiskussionen vor einem Schulneubau resp. einer großen Sanierung (Phase Null). In diesem Zusammenhang danke ich den Kolleginnen und Kollegen der Nikolauspflege (Stuttgart), hier insbesondere Ulrike Bauer-Murr, Katharina Bossert De Paz und Anne Reichmann, und dem Team der Stadtteilschule Alter Teichweg (Hamburg) mit der Ansprechpartnerin und Alumna Petra Dahlmann für das Ermöglichen derart intensiver Einblicke. Dank auch an die Schulleiter Dieter Bretz und Achim Merget-Gilles und das Team der Johann-Peter-Schäfer-Schule (Friedberg) für die langjährige, kreative Zusammenarbeit insbesondere zu den Themen Beleuchtung und Raumgestaltung.

Eine Erweiterung insbesondere in den Bereich des Hochschulbaus hinein entstand durch meine Tätigkeit als stellvertretender Beauftragter für die Belange der behinderten Studierenden nach § 88 HmbHG und der Mitwirkung in der Arbeitsgruppe „barrierefreies Bauen an der UHH". Ich danke den Mitgliedern der Arbeitsgruppe Dr. Maike Gattermann-Kasper (Beauftragte für die Belange der behinderten Studierenden nach § 88 HmbHG), Dennis Basler (Vertrauensperson der schwerbehinderten Menschen [ohne UKE] für das Technische, Bibliotheks- und Verwaltungspersonal), Wulf Engels (Stabsstelle Arbeitssicherheit und Umweltschutz) und Björn Pamperien (Vorsitzender des Personalrats für das Technische-, Bibliotheks- und

Verwaltungspersonal [ohne UKE]) für das ausdauernde und konkrete Mitwirken bei der Zusammenstellung der Anforderungen an eine Elementare Barrierefreiheit sowie das Einbringen der spezifischen Perspektive der Nutzerinnen und Nutzer mit Behinderung. Ich danke den Kolleginnen und Kollegen der Abteilung 8 (Liegenschaftsmanagement) für die vielen konsensorientierten Fachgespräche.

Seit Juli 2019 finden Vernetzungstreffen „Barrierefreie Bildungsbauten in Hamburg" mit Vertreterinnen und Vertretern aus dem Kompetenzzentrum für ein barrierefreies Hamburg, der Behörde für Schule und Berufsbildung, der Behörde für Wissenschaft, Forschung und Gleichstellung, dem Amt für Bauordnung und Hochbau, dem Amt für Landesplanung und Stadtentwicklung, dem SBH (Schulbau Hamburg) und der GMH (Gebäudemanagement Hamburg), der Hamburgischen Architektenkammer / AK Barrierefreies Bauen, dem Hamburger Bündnis für schulische Inklusion und der Universität Hamburg statt. Ebenfalls lehrreich und anregend waren die Tagungen und Fortbildungen zum Thema:

- Fachtag „Akustik im Öffentlichen Raum", 14.01.2015, DIN-Akademie,
- Fortbildung „Hörsamkeit in Unterrichts- und Seminarräumen", 07.07.2015, Dr. Christian Nocke, Akustikbüro Oldenburg,
- Jahresforum "Bau und Betrieb von Bildungseinrichtungen", Management Forum Starnberg, München 04./05.12.2017,
- Internationaler Schulbau Salon, Hamburg, 07./08.02.2018,
- Fortbildung „Barrierefreie öffentliche Infrastruktur Modul DIN 18040-3: Öffentlicher Raum", 16.06.2017, HyperJoint GmbH, Kursleitung: Bernhard Kohaupt,
- Fortbildung „Barrierefreie öffentliche Infrastruktur Modul DIN 18040-1: Öffentliche zugängliche Gebäude", 01.03.2018, HyperJoint GmbH, Kursleitung: Ulrike Rau.

Ich möchte mich stellvertretend für unzählige spannende, im positivsten Sinne streitbare und über die Grenzen von Professionen hinausgehende Gespräche bei folgenden Kolleginnen und Kollegen herzlich für ihre kritischen und konstruktiven Anregungen bedanken. Mögen sie mir kleinere und auch größere

Unschärfen oder sogar Fehler nachsehen... letztendlich wildert hier ein Blinden- und Sehbehindertenpädagoge (durch o. g. biografische Verknüpfung ermutigt) in eher unbekannten Gefilden! Danke an:

- Dr. Antje Bernier, Hochschule Wismar,
- Michael Doser, Leitung Vertrieb -Pflege und Gesundheit, Herbert Waldmann GmbH & Co. KG Villingen-Schwenningen,
- Dirk Oswald, Thomas Frefat, Martina Hoock, Viktor Reichelt, nora systems GmbH Weinheim,
- Dr. Christian Nocke, Akustikbüro Oldenburg,
- Dietmar Böhringer, Vertreter des Verbandes für Blinden- und Sehbehindertenpädagogik e.V. (VBS) im „Gemeinsamen Fachausschuss für Umwelt und Verkehr" des Deutschen Blinden- und Sehbehindertenverbandes (DBSV), VBS-Beauftragter für blinden- und sehbehindertengerechtes Planen und Bauen, Leitung der VBS-AG Umwelt und Verkehr,
- die Kolleginnen und Kollegen des Kompetenzzentrums für ein barrierefreies Hamburg: Sylvia Pille-Steppat, Cornelia Zolghadri und Joachim Becker,
- Beke Illing-Moritz, Architektin und Sachverständige für Barrierefreiheit in Gebäuden, Außenraum und Städtebau (AK Berlin), Arbeitskreis Barrierefreies Bauen in der Hamburgischen Architektenkammer (HAK),
- Meike Heinsohn, Architektin und Mitglied des Hamburger Bündnis für schulische Inklusion.

Die Arbeit an den Details sowie die technische Finalisierung des Projektes fiel in besondere Zeiten. SARS-CoV-2 erzwang eine Zusammenarbeit mit Distanzregelungen: Homeoffice, Büropräsenz mit Auflagen, Videokonferenzen und die bis dahin kaum noch vorstellbare Erhöhung der Frequenz von Mail- und Telefonkontakten. Ein besonderer Dank daher an die AG „barrierefreies Bauen an der UHH", an Wiebke Gewinn, Meike Heinsohn, Christoph Henriksen, Florian P. Hilgers, Beke Illing-Moritz, Dr. Marie-Luise Schütt sowie an Andrea Engelbrecht, Luka Marie Nehl und Tanja Warnecke.

Und natürlich Dank an Phil Hubbe! Dreams Can Come True ...

5. Autor

Prof. Dr. Sven Degenhardt vertritt seit 1996 die Professur Pädagogik bei Beeinträchtigung des Sehens. Der Forschungs- und Lehrbereich Pädagogik bei Beeinträchtigung des Sehens (Blinden- und Sehbehindertenpädagogik) – seit der Neukartierung der Arbeitsstelle Kleine Fächer vom 31.08.2018 als „Kleines Fach" geführt – ist an der Fakultät für Erziehungswissenschaft der Universität Hamburg verortet. Das aktuelle Selbstverständnis des Faches ist das einer transformativen Wissenschaft, die sich der inklusiven Gesellschaftsentwicklung vorrangig auf dem Feld der Bildung und damit der Umsetzung der UN-Behindertenrechtskonvention (vorrangig Artikel 24) und der Ziele für nachhaltige Entwicklung (vorrangig SDG 4) verschrieben hat. Einem menschenrechtlich verankerten, bio-psycho-sozialen Modell von Behinderung folgend, ist es die Aufgabe des Faches, erziehungswissenschaftliche und/oder rehabilitationswissenschaftliche Beiträge zur Gestaltung zugänglicher, diskriminierungsfreier, chancengleicher und hochwertiger Lehr- und Lernsettings in allen Lebensphasen von Menschen mit Blindheit und Sehbehinderung vorzulegen. Seit 2012 ist Prof. Dr. Sven Degenhardt stellv. Beauftragter für die Belange der behinderten Studierenden nach § 88 HmbHG der Universität Hamburg.

Der aktuelle Forschungsschwerpunkt ist die barrierefreie Gestaltung von Lehr- und Lernsettings. Dabei wird sowohl die infrastrukturelle Barrierefreiheit, als auch die Zugänglichkeit von Informationen über unterschiedliche Medien in nationalen und internationalen Projekten betrachtet. Im Projekt „Professionelles Lehrerhandeln zur Förderung fachlichen Lernens unter sich verändernden gesellschaftlichen Bedingungen (ProfaLe)" im Rahmen der gemeinsamen Qualitätsoffensive Lehrerbildung werden Aspekte einer inklusionspädagogischen Basiskompetenz der Studierenden aller Lehrämter mit der inklusiven Universitätsentwicklung (barrierefreie Lehre; Universal Design for Learning...) im Verbund betrachtet und entsprechende Angebote implementiert und evaluiert.

Forschungsprojekte, u. a.
- Implementierung des Themenfeldes „Barrieren in schulischen Lehr- und Lernprozessen" als anschlussfähige inklusionspädagogische Basiskompetenz in lehrerbildenden Studiengängen (Teilprojekt des Projektes „Professionelles Lehrerhandeln zur Förderung fachlichen Lernens unter sich verändernden gesellschaftlichen Bedingungen (ProfaLe)" / Qualitätsoffensive Lehrerbildung) (08/2015-12/2023)

DAAD-Projekte (Deutscher Akademischer Austauschdienst), u. a.
- „Teilhabe von Menschen mit Behinderung an universitärer Bildung" (National University of Tainan, R.o. China Taiwan) (2014-2015) Team Hamburg: Prof. Dr. Sven Degenhardt, Dr. Susanne Peschke
- „Development of inclusive education systems – Comparison of theoretical concepts and practical work in Japan and Germany" (University of Tsukuba, Japan) (2018-2019) und "Multi-professional working structure in successful inclusive education – Comparison between Japan and Germany" (University of Tsukuba, Japan) (2020-2021). Team Hamburg: Prof. Dr. Sven Degenhardt, Wiebke Gewinn
- DAAD Hochschuldialog mit der islamischen Welt: Hochschulentwicklung, Forschung und Netzwerkarbeit zu Behinderung und Inklusion in Hamburg und Isfahan. Projekt in Kooperation mit der Isfahan University of Medical Sciences (IUMS). Team Hamburg: u. a. Prof. Dr. Joachim Schroeder, Prof. Dr. Sven Degenhardt, Dr. Frauke Meyer, Christoph Henriksen, Dr. Marie-Luise Schütt und Dr. Uta Wagner (2017-2019)

Mitwirkung an Weiterbildungsstudiengängen „Pädagogik bei Beeinträchtigung des Sehens / TVI master program" an der
- Universität Leipzig 2009-2011, 2018-2020,
- Philipps Universität Marburg, 2010-2012, 2012-2014, 2014-2016, 2016-2018, 2019-2021,
- Universidad de Huelva 2010-2015,
- PH Steiermark 2009, 2011, 2013, 2016.